残業しない教師の時短術

中嶋郁雄 著
NAKASHIMA IKUO

フツウの教師・デキる教師・凄ワザな教師

学陽書房

はじめに

文部科学省は、二〇一七年一二月、「学校における働き方改革に関する緊急対策」をまとめ、二〇一八年二月に各都道府県・市町村に通知を行いました。その中に、「学校における これまでの働き方を見直し、限られた時間の中で、教師の専門性を生かしつつ、授業やその準備に集中できる時間、教師自らの専門性を高めるための研修の時間や、児童生徒と向き合うための時間を十分確保し、教師が日々の生活の質や教職人生を豊かにすることで、自らの人間性を高め、児童生徒に対して効果的な教育活動を行うことができるよう……」と記されています。

授業の準備や専門性を高める研修、児童と向き合う時間を確保することは、教師であれば誰もが取り組んできたことです。しかし、そのために、多大な時間と労力を費やしている教師の何と多いことでしょう。なかには自分の生活を犠牲にしてまで時間と労力を費やしている人もいます。残念なことに、自身の生活を犠牲にしても、子どものために労力を費やすことが、「子ども思いの良い教師」という風潮が教育界には蔓延しています。

同じ時間であっても、使い方によってその価値は変わってきます。「時は金なり」と言われますが、わずかな時間であっても有効に使うことができれば、子どもの力を伸ばし、教師の力量を高めるための「魔法の時間」にすることが可能です。何の目的ももたず、何の工夫もすることなしに子どもを指導したり、仕事に時間を費やしたりすることは、大切な時間を無駄にすることに他なりません。ただ無駄に時間を浪費することになり、多忙感がますます増すばかりで、子どもを伸ばすこともできず、教師の力量を高めることもできません。教師の仕事からも日々の生活からも充実感が奪われていくだけです。

教師には、「子どもを教え導く」という大切な使命があります。子どもから尊敬され、保護者から信頼される教師になるためには、豊かな人間性を備えていかなければなりません。そのためには、「余裕」が必要です。それは、美しいものに心を惹かれ、純粋な子どもの姿に感動することのできる気持ちの余裕です。子どもの行動の背景にある生活や心の動きを感じ取るための時間の余裕です。教師自身が豊かな人間性を磨くためには、気持ちと時間の余裕が必要なのです。ゆとりは、勝手に生まれるものではないからこそ、効率的な仕事の進め方を工夫して、自ら積極的につくり出していかなければなりません。

「教師の仕事が、自身の人生を豊かにするための生きがいとなるものであってほしい」

小著を手に取ってくださった、教師という仕事を愛し、教師という仕事に誇りをもって取り組んでいる先生方に、私のそんな思いが伝わり、明日からの実践に役立てていただければ光栄です。

中嶋郁雄

CONTENTS

Chapter 2

成果を出せる教師はむしろ残業しない！ 1日を最大限上手く使う時短術

1 1日の計は起床時にあり……44
フツウの教師▼朝一番にその日にやるべきことを確認する
デキる教師▼前日に翌日やるべきことを書き出しておく
凄ワザな教師▼朝起きてからの流れをルーティン化する

2 優先順位を決めて進める……46
フツウの教師▼一番気になるものから取り組む
デキる教師▼重要度と難易度を確かめて取り組む
凄ワザな教師▼子ども・保護者のことから取り組む

3 締め切り期限を厳守する……48
フツウの教師▼期日に合わせて予定を組む
デキる教師▼少し早めのマイ締め切り日を設定して進める
凄ワザな教師▼依頼を受けたらすぐに着手する

4 必要な資料にだけ意識を置く……50
フツウの教師▼すべての資料をファイルする
デキる教師▼届いた順にファイルする
凄ワザな教師▼必要度で分類し、不要なものは捨てる

5 PC、タブレット、スマートフォンでスピードアップ……52
フツウの教師▼フォルダを細かく分類していく
デキる教師▼検索機能をフル活用する
凄ワザな教師▼クラウド機能を使って一元化管理をする

6 スキマ時間を有効に活用する……54
フツウの教師▼そのつど取り組めそうなことを行っていく
デキる教師▼一つの仕事を細分化して取り組んでいく
凄ワザな教師▼3分間でできる仕事をリスト化しておく

7 急な休みの遅れは先手必勝……56
フツウの教師▼早出や残業をして取り戻す
デキる教師▼急な休みに備えた準備をしておく
凄ワザな教師▼日頃からプラスワンの意識で仕事をする

8 行事や校務分掌は特技を生かす……58
フツウの教師▼決められた自分の担当部分をこなしていく
デキる教師▼アドバイスを得たり情報交換を図ったりする
凄ワザな教師▼得意分野で役割分担してもらう

Column 2 「3分もある」という意識改革を……60

Chapter 3

一挙両得！ラクなのに信頼感がアップする学級づくりの時短術

1 新年度準備の心得……62

フツウの教師▼年間予定表を頭に入れて1年をイメージする

デキる教師▼資料を集めて1年の見通しを立てる

凄ワザな教師▼過去のデータも活用し、1年の予定を立てる

2 提出物・配付物の集め方を工夫する……64

フツウの教師▼列ごとまたは班ごとに集めさせていく

デキる教師▼教卓の上に名簿順に提出させていく

凄ワザな教師▼名簿順に直接手渡しで受け取っていく

3 連絡は正確かつスムーズに……66

フツウの教師▼全員そろってから一斉連絡をする

デキる教師▼連絡事項を板書して全員にアナウンスする

凄ワザな教師▼日直に板書させて連絡事項を確認する

4 一度で伝わる信頼される生活指導……68

フツウの教師▼気付いた時にすぐ注意する

デキる教師▼なぜ指導されているかの理由を説明する

凄ワザな教師▼子どもに振り返らせ理解させて反省を促す

5 時間内で全員食べられて楽しくなる給食指導……70
フツウの教師▼時間内に全部食べるように声をかけていく
デキる教師▼一口でも食べられたらほめる
凄ワザな教師▼量を自分で決めさせ、達成感を味わわせる

6 子どもがキビキビ動き出す掃除指導……72
フツウの教師▼一緒に掃除をしながらそのつど指導する
デキる教師▼掃除が上手な子をほめて、やる気を引き出す
凄ワザな教師▼サボる子のクラスへの所属意識をくすぐる

7 時間をかけずにクラスが活気づく掲示物……74
フツウの教師▼授業参観に合わせて教室掲示に力を入れる
デキる教師▼掲示物を考えた学習計画を立てる
凄ワザな教師▼日々の学習活動を日頃から掲示していく

8 簡単なのに喜ばれる学級通信のつくり方……76
フツウの教師▼子どもの写真や作品を掲載する
デキる教師▼必要に応じて子どもの様子を伝える
凄ワザな教師▼子どもの様子から自分の教育観を伝える

Column 3 「忙しい」は逃げ口上……78

Chapter 4

限られた時間で無理なくできる！授業の準備と進め方

1 遅れない指導計画の立て方……80
フツウの教師▼年間指導計画にのっとって立てていく
デキる教師▼年間指導計画を目安にしてつくり替える
凄ワザな教師▼学習内容の重要度で進度を調整していく

2 サクサク進む教材研究……82
フツウの教師▼指導のねらいを定めて進める
デキる教師▼学年団で教材研究を行い、シェアする
凄ワザな教師▼過去のプリントやアイデアをフル活用する

3 負担にならない印刷物の準備……84
フツウの教師▼デジタルデータを活用する
デキる教師▼学年共有のプリントや教材を活用する
凄ワザな教師▼遠慮なくサポートスタッフの手を借りる

4 効率的で子どもに伝わるノートチェック……86
フツウの教師▼全員のノートを集めてからチェックする
デキる教師▼授業中に基礎問題だけをチェックする
凄ワザな教師▼授業に位置付けて机間巡視でチェックする

5 欠席した子がいても授業を遅らせないコツ……88
フツウの教師▼休み時間に欠席した子を個別指導する
デキる教師▼前時の復習から授業をスタートさせる
凄ワザな教師▼欠席した子を主役に授業を行う

6 短時間でこなせるテスト採点……90
フツウの教師▼子どもが帰宅してから一度にまとめて行う
デキる教師▼休み時間に順次行っていく
凄ワザな教師▼授業中にできた子からどんどん採点する

7 時間に追われない通知表作成のコツ……92
フツウの教師▼参考例を活用して出席番号順に書き進める
デキる教師▼迷う子を後回しにして書き進める
凄ワザな教師▼日頃から子どもを観察して記録を残す

8 子どもが輝いて保護者も安心する授業参観の準備……94
フツウの教師▼おもしろい教材を用意して授業計画を立てる
デキる教師▼前日に身の周りの整理整頓をさせる
凄ワザな教師▼全員が発表できる授業計画を立てる

Column 4 「残業代ゼロ」に甘えるな……96

Chapter 5

早く帰れる教師はコミュニケーション上手！信頼感もアップする保護者対応術

1 関係構築につながる連絡の基本……98
フツウの教師▼トラブルが起きたら電話で連絡をする
デキる教師▼トラブルが起きたら家庭訪問をする
凄ワザな教師▼子どもががんばった時こそ連絡をする

2 信頼される連絡帳の書き方……100
フツウの教師▼教師が見たサインを入れて返す
デキる教師▼ひと言コメントを添えて返す
凄ワザな教師▼プラスのコメントを必ず添えて返す

3 問題をこじらせない電話対応……102
フツウの教師▼丁寧な言葉づかいで話す
デキる教師▼内容を事前にまとめて気を配りながら話す
凄ワザな教師▼相手の言い分を聞くことに力を入れる

4 安心してもらえる子ども同士のケンカ指導……104
フツウの教師▼すぐにやめさせ、互いに謝罪をさせる
デキる教師▼周りの子からも事実確認をする
凄ワザな教師▼互いに非を認めさせ、保護者にも連絡する

5 早期解決につながるクレーム対応……106
フツウの教師▼連絡帳を通じて報告する
デキる教師▼電話を入れて話をする
凄ワザな教師▼すぐに直接足を運んで話をする

6 上手に乗り切る保護者会……108
フツウの教師▼保護者が興味をもちそうな話題を伝える
デキる教師▼子どもの日頃の様子を具体的に伝える
凄ワザな教師▼教育観や指導方針を分かりやすく伝える

7 難しい保護者との付き合い方……110
フツウの教師▼適度な距離感で無理なく付き合う
デキる教師▼挨拶と笑顔を欠かさず積極的に話す
凄ワザな教師▼子どもを思うパートナーの意識で寄り添う

8 支援が必要な児童・家庭への対応……112
フツウの教師▼生活状況などを把握しながら対応する
デキる教師▼先輩教師や管理職に相談しながら対応する
凄ワザな教師▼学校体制で対応し、外部の協力もあおぐ

Column 5 働き方改革は教師力アップ……114

Chapter 6

「チーム学校」で自分の力を最大限に発揮する！職員室の関係術

1 ストレスを生み出さない職員室での基本マナー……116
フツウの教師▼苦手な人とは無理に話さない
デキる教師▼人には必ず良いところはあると視点を変える
凄ワザな教師▼誰に対しても気持ちを込めた挨拶をする

2 いざという時にも頼りになる同年代教師との助け合い術……118
フツウの教師▼何でも腹を割って話すなど気安く接する
デキる教師▼同年代だからこそ言動に注意する
凄ワザな教師▼謙虚な姿勢で敬う

3 スキルアップにつながる先輩教師との関係づくり……120
フツウの教師▼話しやすい先輩を見つける
デキる教師▼いろいろな先輩にアドバイスを受ける
凄ワザな教師▼アドバイスをすぐに実践して報告する

4 学び合える後輩教師との関係づくり……122
フツウの教師▼武勇伝や成功談などをどんどん伝える
デキる教師▼失敗談を伝えながら相談にのる
凄ワザな教師▼後輩の得意とすることから積極的に学ぶ

5 仕事がどんどんはかどる管理職との距離感……124
フツウの教師▼「ホウ・レン・ソウ」に努める
デキる教師▼考えを伝えながら「ホウ・レン・ソウ」を行う
凄ワザな教師▼「ホウ・レン・ソウ」で権限・能力を引き出す

6 職種の異なる職員との連携術……126
フツウの教師▼職種の異なる職員には必要な時に連絡する
デキる教師▼職種の異なる職員とも積極的に接する
凄ワザな教師▼すべての職員に謙虚な姿勢で接する

7 負担にならず楽しく過ごせる飲み会術……128
フツウの教師▼気楽な仲間との飲み会でストレスを発散させる
デキる教師▼先輩や後輩との飲み会で交流を深める
凄ワザな教師▼さまざまな飲み会で情報交換を図る

8 すぐに働きやすくなる転任校での処世術……130
フツウの教師▼前任校での良かったことなどを伝える
デキる教師▼前任校の話は必要以上に口に出さない
凄ワザな教師▼転任校のことを積極的に教えてもらう

Column 6 充実感は心の安定から……132

おわりに……133

Introduction

時間をかけない発想が成果を生み出す！

「意識改革」の必要性を感じよ

かつての日本では、「企業戦士」「モーレツ社員」という言葉が流行しました。会社のために、趣味や家庭を犠牲にして働くことが賞賛されてきました。「日本人は勤勉」と世界の人々から言われてきました。

確かに、日本人は粘り強く努力家で、仕事に生きがいを求める人が多くいます。一方で、日本の文化として受け継がれてきた「恥の文化」が、周りに合わせなくてはならない、同僚に迷惑をかけてはならないという雰囲気をつくり出し、会社を最優先せざるを得ない状況をつくり上げてきたと言えます。

ところが、これまで美徳とされてきた日本人の働き方は、精神疾患や過労死、自殺を引き起こし、その数は年を追うごとに増加しています。これらの現状もふまえて、政府は、二〇一六年から働き方改革を掲げ、次々と関連法案を成立させています。教育界においても、二〇一七年一二月に「学校における働き方改革に関する緊急対策」が文部科学大臣名でまとめられました。

元来、仕事は、一度しかない人生を充実させるためのものであるはずです。仕事によって、社会に貢献することに誇りをもち、仕事を通して自身の成長を実感し、充実感を味わうことができます。さまざまな人とコミュニケーションをとることで、人間関係を広げていくこともできます。自身の働きに見合った対価を得ることで、見通しをもって人生設計を立て、安心して生活を送ることも可能になります。ところが、最近では、仕事が人生を充実させるための手段としてではなく、反対に幸せを阻害する原因になっている気がしてなりません。

現実に、近年の学校現場はさまざまな課題を抱え、教師の仕事は年を追うごとに増加し、身体的・精神的な疲労はピークに達しています。文部科学省「教員勤務実態調査」(二〇一六年実施)によると、小学校教員の33・5%、中学校教員の57・7%が月80時間以上の過労死ラインを超える時間外労働をしていると報告されています。文部科学省のデータは、自宅に持ち帰る仕事を含んでいないため、実態はデータ以上に厳しく、ほとんどの教師が過労死ラインを超える時間外労働をしていることが推察されます。現役の教師であれば、データで見る以上に、現状が厳しいことを肌で感じていることでしょう。体調を崩したり、精神を病んで長期休業を余儀なくされたり、退職に追い込まれたりする教師がいることを見聞きするのは、それほど珍しいことではなくなりました。今や、誰もが心身を病んでしまう危険を抱えているのが学校現場の現状です。

この現状に対して、「保護者が悪い」「世の中が悪い」と、学校・教師に対する社会意識の変化に責任を求めることは簡単です。しかし、それでは何も変わりません。長年にわたって、過酷な働き方を習慣化してきたのは、他ならぬ私たち教師自身にも責任があると考えて、現状を少しずつでも改善していく努力をしなくてはなりません。もっと効率的な時間の使い方はないのか、教師としての誇りや生きがいがもてる働き方とはどうあるべきか、真剣に考える時期にきています。

現在、折しも日本全体が、「働き方改革」というスローガンのもとで、生きがいのある働き方、人生を充実させる働き方について考えなくてはならないという気運が高まっています。私たちも、教師という仕事の尊厳を取り戻し、教師という仕事に生きがいをもって働くことができるように、自身の働き方を見つめ、真剣に働き方に対する意識を改革する必要があります。

教師の本分を見直せ

近年、情報公開や危機管理の徹底をはじめとした教育を取り巻く環境の変化によって、学校現場は年を追うごとに多忙になっています。教育に過剰なまでにサービスを求める保護者への対応、後から後からやってくる報告文書の処理……。それらが原因で、本来教師がもっとも大切にしなくてはならない授業や生活指導を研究する時間が奪われています。何よりも、子どもとふれ合い、子どもに思いをめぐらせる大切な時間が奪われています。子どもの指導とは直接関係ないさまざまな雑務に追われ、多くの教師が疲弊しきっています。子どもを見つめ、子どもと過ごす時間を奪われて、子どもの抱える課題にじっくり向き合う余裕も、子どもを指導する自信も失っています。

特に、最近では、教育に成果が求められる傾向にあります。教科の点数がどれだけ伸びたか、いじめをどのように把握して早期解決に導いたか、保護者も教育委員会も、具体的に成果を示すように求める風潮があります。教育に成果主義をもち込むことに対して、多くの教師が、批判的に考えてきました。確かに、教育は今日や明日で成果が表れるものではありませんし、子どもの成長を点数で評価できるものでもありません。

しかし、「教育は数値で計ることはできない」「結果はすぐには表れない」という言葉に甘んじて、仕事のやり方や指導の仕方に無頓着な風潮が教育界に蔓延してきたことは否めません。実践結果を検証しながら、授業力や学級経営の技量を磨くことを怠って、「経験と勘と気分」を頼りに子どもを指導してきた結果、子どもの学力を伸ばすこともできず、ケンカやいじめなど子どものトラブルに十分な対応をする力を身につけることもできない教師をつくり出してしまったのではないでしょうか。

現在の学校現場には、いまだに「机上の空論」が幅を利かせています。例えば、授業公開を一切しない教師が授業論を語ったり、公開授業をした教師を批判したりしています。子どものトラブルに直接関わることを避ける教師が、子ども論や生徒指導論を声高に叫んでいます。企業のように、客観的に成果を表すことが難しいことは事実ですが、授業や生徒指導の結果にもっと責任をもち、日々の教育に取り組む必要があります。

教師になった人のほとんどが、子どもが大好きで、子どもの成長を見守り、より良い成長のために何らかの貢献をしたいと考えているはずです。子どもが失敗したり悩んだりした時は相談にのり、一緒に考えながら手を差し伸べ、子どもの成長のためにでき得る限りのことをしてあげたい……。教師という仕事に夢をもって教壇に立つ道を選んだはずです。

ですから、今こそ教師である私たち自身が、日々の教育実践の質を高め、1年間を終えた後の結果に責任をもつという意識改革を行わなくてはなりません。どうすれば、仕事を効率的に進められるか、どうすれば子どもに関わる時間をつくり出すことができるかということを考えて、「仕事の進め方を変える・時間の使い方を変える」という意識をしっかりともつ必要があります。そのためにも、まずは目の前にあることから少しずつ改善していくことが大切です。

「無駄」を明確にせよ

日々の忙しさに流されて、時間に追われる生活を続けていると、本当に必要なことと、よく考えれば省くことのできるものとが分からなくなってしまいます。特に、長い間同じ職場に勤務していると、その学校のやり方になじんでしまい、「それが当たり前」と、必要なのか無駄なのかを考えることさえしなくなってしまいます。

教師の長時間労働がなかなか改善しないことの一つに、「子どものため」という意識が弊害になってしまうことが挙げられます。教師は、「子どものためだから」と考えて、自分から、あれもこれもと仕事を増やしてしまう傾向があります。子どもの日記や宿題に丁寧にコメントを書いたり、自作の学習プリントを作成したりと、的外れなかたちで「子どものために」と時間をかけてしまいます。

しかし、丁寧なチェックが、子どもの学力を高めるとは限りません。子ども自身が間違いをチェックして見直す力を身につけたほうが、よほど効果的な学力の向上につながります。丁寧で長いコメントが、子どもとの関係を築くために必要とは限りません。その時間を使って、子どもと直接会話することのほうが、よほど効果的な関係づくりになるはずです。

「子どものため」という名目だけで仕事を増やすことは、実は「自分のため」ではないのか、よく検証してみる必要があります。「熱心な教師と思われたい」「保護者からの苦情を避けたい」という自己保身が、子どもにとって本当に必要な時間を教師から奪っている場合があります。

学校現場では、「今までこのやり方で進めていた」という、慣例第一主義が幅を利かせています。確かに、子どもを相手に仕事をしているため、子どもにとってどう影響するかを考えると新しいことに挑戦しづらいことは事実です。しかし、時代が変わり、世の中が変わり、子どもや保護者の考えも変わっていく以上、伝統や慣例に縛られすぎてはいけません。

また、キャリア教育やプログラミング教育、食育や租税教育等々、現在の学校はさまざまな教育であふれかえっています。どれも大切な教育ですが、学校と子どもの実態を考えて、地域や保護者が望むこと、子どもにとって本当に身になることをよく検討して、残すべきもの、変えるべきもの、捨てるべきものを取捨選択することで、教師の労力と時間が、子どもの指導に実効的に反映されるようにしていくことが重要です。

これまで行ってきた指導方法が、真に子どもの力になり、成長に役立つものなのか、今一度振り返って考える必要があります。そのことが、無駄な仕事を省くことになり、効率的に仕事を進めることにつながります。

最初の一歩を踏み出せ

何をするにも、最初の取りかかりが重要です。「自分にはできないだろう」「どだい無理なことだ」と、挑戦することもしないで、最初から諦めてしまっては何も変わりません。最初から「できない」と諦めてしまうと、それが習慣になってしまい、どんなことからも逃げ出すようになってしまいます。

職員全員の働き方にメスを入れようとか、学校全体の時間外勤務時間を減らそうなど、大きなことをやろうと考える必要はありません。今、自分自身の力でできることを、とにかくやってみることです。

例えば、目の前に報告文書が置かれていたとします。授業が始まるまでの時間では、とうてい終わりそうにない仕事です。「この時間でやり終えるのは絶対に無理」とお茶を飲んで何もせずに過ごすのと、「やれるところまでやってみよう」と取りかかるのとでは、その選択によって働き方改革の一歩を踏み出すことになるか、現状のままでやり過ごすことになるのかが大きく分かれます。ほんの少しの勇気と気力を振り絞って一歩を踏み出すことができれば、仕事の充実感を味わい、自分の力に自信をもてる働き方ができるようになるでしょう。

「今はまだやれない」「周りが気になるからできない」と弱気になりそうな気持ちに打ち克ち、とにかく行動あるのみです。その行動が、あなたの意識を知らず知らずのうちに変えてくれるはずです。

仕事に対する充実感と自信は、ほんの小さなものであるかもしれませんが、実際に行動することから得ることが可能です。そして、その小さなことを実行し、積み重ねることによってしか得ることはできません。周りがどうであれ、週に一度は仕事に区切りを付けて早く帰宅してみる。お茶を飲みながら何もせずに過ごす時間を削り、その分仕事を早く進めてみる。思い切って宿題のチェックを簡素化して時間を生み出してみる。仕事の間にできたスキマ時間を使って、少しずつでも仕事を進めてみる……。どんなことでも、とにかくできることから、これまでの仕事のやり方を変える第一歩を踏み出してみましょう。その行動こそが、これから先のあなたの教師人生を豊かなものに導いてくれる第一歩になるのです。

工夫して生み出した時間は、同僚との情報交換の時間として有効に活用することができます。また、心のゆとりができることで、授業づくりや学級経営の新しいアイデアが生み出されていきます。そして、何よりも教師の仕事にやりがいを見出し、毎日を充実させながら過ごすことができるようになります。

Chapter 1

ここをおさえれば 凄ワザ教師！ 残業しない働き方 ８つのポイント

何の工夫もせずに仕事をすることは、
時間と労力の無駄な消費につながります。
効果的な働き方をするための
ポイントをおさえて、
長時間勤務と決別しましょう！

1 … 古い働き方意識から脱皮する

――遅くまで仕事をすることが、「仕事ができる人」と評価される時代は終わりました。質の高い仕事を効率的に行うのが「仕事ができる人」です。

●仕事は時間ではなく質が重要

同じ仕事でも、10分間でやり終えてしまう人もいれば、1時間かけなくては仕上げることができない人もいます。同じ時間をかけたとしても、仕事の質の高低はまちまちです。教師の仕事は、時間をかければいいというものではありません。たとえ短時間であっても、質の高い良い仕事をすることができれば、それに越したことはないのです。

仕事は、時間ではなく質が重要ということを忘れてはいけません。

●立場と経験で、求められる仕事は異なる

新任の教師に、研修主任や教務主任のような重要な校務分掌が割り当てられることは、まずありません。経験豊富なベテラン教師と、経験の少ない若手教師に求められる仕事量も質も、異なって当然です。

その時における自分の立ち位置を冷静に分析し、特に若いうちは自分に割り当てられ求められている仕事に対して、効率的かつ質の高い取り組み方を意識することによって、経験値と能力を高めるように心がけましょう。

●「限られた時間しかない」という意識を

時間に余裕がある時に限って、中途半端でいい加減な仕事になってしまうことがあります。反対に、時間に制約がかかった瞬間、挑戦意欲が湧き、集中力も増して取り組むことができる場合が多々あります。

時間の制約が、やる気と集中力を引き出し、結果として質の高い仕事につながります。

＋ one point

例えば、授業の合間のわずかな時間を、赤ペンを入れたり丸付けをしたりする時間に充てます。「3分あれば何かできる！」という意識が時間を生み出していきます。

2 本当に大切な「仕事」を見極める

――仕事の軽重や労力の比重を意識することで、時間の無駄がなくなり、多忙感が解消されます。

●多忙は「多忙感」が生み出す幻想

近年の教師の仕事は、確かに多忙を極めています。しかし、いつも「忙しい」と口癖のように言っていると、現実以上に忙しく感じるようになってしまいます。職員室でお茶を飲んでおしゃべりしながら「忙しい、忙しい」と言っている教師を見かけますが、自分の無駄な行動と忙しいと感じる気持ちが、時間と心の余裕を奪い、その結果として超多忙な状況を生み出してしまいます。

●教師の仕事とは何か、原点に戻る

目の前の仕事に忙殺されて、本当に必要な仕事が何か分からなくなったり、うっかり抜け落ちてしまったりすることがあります。友達関係で悩んでいる子どもの話を聞く時間を惜しんで、校務分掌や事務仕事を進めてしまうといったことはないでしょうか。

多忙な時にこそ、「教師のもっとも重要な仕事は何か」、原点に戻って考えるようにしましょう。

●かける労力の比重を意識する

例えば、宿題の丸付けは、子ども自身にやらせれば、10分もあれば終わってしまいます。宿題の丸付けに時間と労力を費やす必要はありません。反対に、子どもが話を聞く姿勢や授業態度は、身につくまで何度でも繰り返し時間をかけて指導する必要があります。

このようにどこに時間と労力をかければいいのか、「かける労力と時間」を意識して仕事に取り組むようにしましょう。

＋ one point

子どもの友達関係の相談やトラブルなどは、初期の段階にしっかり時間をかけて解決するように心がけることが、後の多大な時間と労力の削減につながります。

3

100点満点ではなく、70点で仕上げる

――たとえ70点の出来であっても早く仕上げて、気持ちに余裕をもって仕事をすることが、仕事の成果につながります。

●早い取りかかりが質の高い仕事につながる

完璧な仕事をしようと考えると身がまえて、取りかかることへの抵抗が大きくなり、気持ちだけが焦ってしまいます。とにかく始めてしまおうと気軽に考えることで、早く取りかかることができ、見直しや修正の時間を確保することにつながって、結果的に質

の高い仕事を生み出します。

●完璧を目指すと失敗する

誰でも、ミスのない完璧な仕事をしたいと思っています。しかし、どれだけ気を付けていても、手直しせざるを得ないことがほとんどです。100点満点を目指して仕事をするためには、相応の時間を必要とします。

はじめから100点の完璧な仕事を目指すのではなく、70点の出来であったとしても早く仕上げ、先輩や管理職からの助言を受けて再検討・修正する時間を確保するほうが、効率的かつ完璧に近づいていくのです。

●相手意識をもって仕事をする

仕事には必ず「相手」がいます。そして、その相手は依頼した仕事を受け取らなくては、先の仕事を進めることができない場合が多々あります。また、自分では100点と思って仕上げた仕事も、相手からみれば完璧な仕事とは限りません。

70点の出来でも、早く仕上げて提出するほうが、相手から感謝されるのが普通です。たとえ70点の仕上がりであっても、早く仕上げていれば、チェックをしてもらい、相談にのってもらう余裕もできます。

＋ one point

もっともエネルギーが必要なのは、「取りかかり」です。できる限り早く仕事に手を着けるためにも、最初から完璧を目指さず、気持ちに負荷をかけないことをおすすめします。

4 … 後回し厳禁！

――それほど時間と労力を必要としない仕事がたくさんありますが、そうした仕事こそ、期限が先であっても絶対に後回しにせず、すぐにやり終えてしまいましょう。

●簡単な仕事こそ見くびらない

「こんなことくらい、いつでもやれる」と考えて、後回しにしてしまうことはないでしょうか。些細で簡単だと思われるような仕事はたくさんありますが、それを「後でやろう」と放置しておくと、どんどん溜まってしまい、負担に感じるほどになってしまいます。

簡単にやれると思える仕事こそ、「すぐにできる」からと見くびって後回しにするのではなく、早めに終えるようにしましょう。

●後回しが多忙を生む

後回しにした仕事が少ないうちは、比較的簡単に少しの時間と労力で取り戻すことが可能です。しかし、四つも五つも積み重なってしまうと、気持ちの余裕が奪われ、多忙感が強くなってしまいます。また、そうした時に限って急ぎの仕事が舞い込んできたりするのです。仕事を後回しにするということは、「時間と労力の借金」と考えて、仕事を溜めない（時間と労力の借金をしない）ように心がけましょう。

●人は忘れる生き物と心得る

簡単で些細な仕事と考えている仕事は、すぐに忘れてしまう仕事だと心得ておくべきです。次々と仕事がやってくる状態で、「こんなこと、すぐにやれるさ」と考えているような仕事は、すぐに頭の中から消えていってしまいます。気が付けばうっかり忘れていて、結果的に周囲に迷惑をかけたり、場合によってはトラブルになったりする危険があります。

うっかり忘れてしまわないためにも、後回しはできる限り避けるようにしましょう。

＋ one point

物を運ぶのを手伝ってほしいと頼まれたり、パソコンの使い方を教えてほしいと頼まれたりしたら、よほどのことがない限り「後で」と断らず、すぐに手伝ってあげるようにしましょう。

5 仕事の「癖」から抜け出す

――勘と経験だけに頼って、独り善がりに仕事をしていると、知らぬ間に非効率的な仕事の仕方が習慣化してしまい、悪い癖や欠点も修正されていきません。

●仕事の早い人に学ぶ

職場をよく観察してみると、仕事を効率的に進めている人を必ず見つけることができます。忙しいとぼやくこともなく、やらなくてはならない仕事をきっちりこなし、めったに遅い時刻まで学校に残ることはありません。このような仕事のできる人から学ぶことはたくさんあるはずです。

時間の使い方や整理整頓の仕方、授業の準備、子どもや保護者との関わり方など、参考にできるところはすぐに見習い、積極的に教えを請うようにしましょう。

●自分の欠点を自覚する

時間の使い方は上手でも整理整頓がダメな人もいれば、子どもや保護者との関わり方はうまくても事務処理が苦手という人もいます。教師も人間ですから、誰でも、得意なこともあれば不得手なこともあります。

効率的に仕事を進めるためには、まずは自分の欠点を自覚することです。そして、苦手な仕事は同僚に教わったり、修正のアドバイスをもらったりするなど、欠点を修正していくという意識を高めながら工夫して補う努力をしなくてはなりません。

●企業や書籍から学ぶ

政府が「働き方改革」を掲げてから、多くの企業が働き方について方針を打ち出し、働き方に関する書籍も数多く出版されるようになりました。そうした世の中の動きについて、一般企業の対応の素早さは学校とは比べものになりません。充実した働き方を身につけるために、さまざまな企業の取り組みや書籍から学ぶことが数多くあります。

＋ one point

仕事で充実感を味わうためには、どんな場面でもプラス思考で物事を考える習慣を身につけることです。「ピンチはチャンス」と思えるように常日頃から意識化していきましょう。

6 教師こそ教えを請う

「分からないのは恥ずかしい、知らないことは恥」ではなく、知ったかぶりと、人に聞けないことが、恥ずべきことであり、それこそが時間の浪費につながります。

――

●情報は謙虚な人に集まる

手に入れた情報を伝えた時、「いつも教えてくれてありがとう」と感謝できる人と、「そんなこと、当然知っているよ」と傲慢な姿勢で接する人とでは、情報を伝えた人が、以後両者に対してどのような対応をするかは、言わずもがなでしょう。さまざまな情報は、日頃から人に教えを請い、謙虚な姿勢で学ぶ人のところに集まってきます。

●「知らないこと・分からないこと」があるのは当たり前

どんなに豊富な知識をもっている人であっても、知らないこと・分からないことは山ほどあるでしょう。80年や90年生きて、人一人が知り得ることなど、たかが知れていると考えるのが妥当です。

「知らないことがあって当然」「まだまだ分からないことばかり」と思えば、謙虚に人に尋ね、素直に他者から学ぶことができるはずです。「分からないから学ぶ」と子どもに伝えている教師こそ、日々学び、教えを請う姿勢を示さなくてはなりません。

●教えを請えば、時短と質の高い仕事が可能になる

調べても分からないことがある時、近くに教えてくれる人がいれば、その人から直接教えてもらうのがもっとも早い解決方法です。パソコンの操作などが顕著な例で、自分で調べるのと知っている人から直接教えてもらうのとでは、理解するために要する労力と時間には雲泥の差があります。

調べても分からない時は、迷わず知っている人にどんどん教えを請うべきです。

＋ one point

特に教師という職業の人は、人に教えることが好きな人です。些細なことでも尋ねていけば、喜んで教えてくれるだけでなく、教えを請いにきた相手に親近感や同志意識を抱いていきます。

7 一人だけでがんばらない

――職場のさまざまな立場から多様な意見を集めたり助力を得たりすることで、より質の高い仕事を素早く効率的に進めることができるようになります。

●一人の能力には限界がある

どんなに経験が豊富で才能にあふれていたとしても、一人ひとりの能力には限界があります。特に、さまざまな人格をもつ子どもや保護者と直接ふれ合う教師という仕事においては、むしろ多様な立場や経験をもつ同僚と協力し合わなければ、効果的な対応をすることはできません。

同僚との連携と協力の大切さを常に意識しておくべきです。

●「やれる人ができる時に」の精神を共有する

仕事が「できる」と言われる人は、誰に言われなくても、自分ができる時に仕事を進めてくれています。他の人から仕事を頼まれれば、苦にする様子もなく淡々と仕事を進めてくれるのです。

組織全体が、「やれる人ができる時に仕事を進める」という精神を共有し、互いに補い合うことができれば、組織にいる教師一人ひとりの仕事力がアップして総合力も高まり、常にやりやすく充実した仕事ができる職場になっていきます。

●「押し付け」ではなく「支え合い」

校務分掌や学年の仕事があると、「自分の役割ではない」とばかりに無関係を装い、協力する姿勢を見せない教師を見かけることがあります。確かに役割に応じた仕事をするのが原則ですが、困っている人がいたら支援と協力を申し出るべきでしょう。

自分にあたえられた責任をもちながらも、いざとなったら仲間の理解と支えが得られる職場であってこそ、質の高い仕事を充実させて行うことができるのです。

＋ one point

同僚との関係がうまくいかなくなると、勤務する学校自体がストレスの原因となり、それが自ずと学校経営全体にも悪影響を及ぼすことになります。

8 人生を充実させるための仕事を

——仕事は、自分自身の人生を充実させるための一つの手段です。仕事だけに人生を支配されないように気を付けながら、真に人生を充実させる働き方を追求していきましょう。

●「やらざるを得ない」から「やらせてもらっている」

仕事に限らず、「やらされている」感をもつと、そのことをやるのが苦痛に感じられてしまいます。教師という仕事は、子どもの成長を目の当たりにし、保護者から感謝されることも多い、ありがたい仕事です。そのような尊い仕事をやらせてもらえることに対して、常に感謝の気持ちを抱くことができれば、毎日が輝いて充実するはずです。

大切なのは、教師という仕事に対する自分の意識を変えることなのです。

●人間の幅を広げるのも教師の仕事

日々子どもと接し、子どもを教え導くことが教師の仕事ですから、学級経営や授業の技術を高めることだけが仕事というわけではありません。未来ある子どもに、人として大切なことを伝えるために、日頃から自然や文化、人などにふれることを通して人間の幅を広げることもまた教師の仕事です。そして、人間の幅を広げるためのさまざまな経験や体験を重ねていくことは、人生を充実させることにつながるのです。

●人生を充実させる仕事でなければ意味がない

仕事が充実しているということは、毎日の生活に張り合いがあり、充実した時間を過ごせているということです。仕事は、自分の人生において自信や充実感、満足感、そして、日々の糧をあたえてくれる手段の一つです。人生が仕事だけに支配されてしまうことは避けなければなりませんが、毎日を楽しく充実させるためには、仕事を充実させることがとても大切です。単に「糧を得るための仕事」という考え方で教師をすることでは、幸福な人生を送ることにはならないでしょう。

＋ one point

プライベートの時間も仕事に大きく影響します。映画や読書、スポーツ、観光などに時間とお金を使うなどして、余暇の過ごし方を工夫することも、教師の仕事を充実させていきます。

Column 1

「後悔先に立たず」という生き方を

「時は金なり」とは言われますが、多くの人にとって、目に見えず手に取ることもできない時間を大切な宝物だと自覚することはなかなかできないものです。実際、私も、若い頃は時間に無頓着でした。放課後、子どもたちが下校すると、納得がいくまで学校に居残って仕事を続け、気付けば夜の10時を過ぎていたということもよくありました。

そんな私の時間感覚を変える出来事がありました。私がまだ30歳になったばかりの頃のことです。少々無理をしたためか、身体を患ってしまい、半ば強制的に3か月間も入院せざるを得なくなったのです。その入院中に、同じ病室で仲よくしていただいた人が、二人も亡くなってしまいました。つい数時間前まで、笑いながら話をしていたにもかかわらず病状が急変し、そのまま逝ってしまうのを見て、「人はいつか必ず死ぬ」という当たり前のことにショックを受けたのです。そして、元気で生きている時間がどれほど貴重なものなのか、考えさせられるようになりました。

病床についていたことも大きく影響していたのでしょう。これまで時間を、まるで無尽蔵に湧き出てくるものとして、何も考えずに無駄に使ってきたことを反省させられました。

今、50歳を過ぎ、人生の残り時間が少なくなってきたことを思い知らされると、あの時、限りある時間を無駄に費やしていたことを深く反省するばかりです。改めて、時間を有効に大切に使って生きていこうと心に誓いました。

Chapter 2

成果を出せる教師はむしろ残業しない！1日を最大限上手く使う時短術

無駄を省くという意識で仕事をすることで、
効率的な仕事の工夫や
有効な時間の使い方が生まれます。
最小限の労力で最大限の成果が得られる
仕事の取り組みを心がけましょう。

1

1日の計は起床時にあり

フツウの教師は、

朝一番にその日にやるべきことを確認する

デキる教師は、

前日に翌日やるべきことを書き出しておく

凄ワザな教師は、

朝起きてからの流れをルーティン化する

●起床したら、仕事モードに切り替える

職場に到着してすぐに仕事に取りかかることができるように、起床した時から、徐々に頭を仕事モードに切り替える訓練をしましょう。起きがけは、頭もスッキリはしていないので、とりあえず1日の仕事の中で真っ先に頭に浮かんだものを思い描いていきます。

また、辛いと思わずに、楽しく生き生きと仕事している自分の姿を思い浮かべるようにすると、スムーズに頭を仕事モードに切り替えることができます。

●すぐに仕事に入れるための「前日メモ」

その日の仕事を終えて、職員室を出る前に、必ず次の日の予定を確認して帰宅するようにします。明日やらなくてはならないことを、簡単に箇条書きでメモしておきます。そうすることで、次の日の朝出勤した時、素早く1日の仕事を把握することができ、もたつくことなく仕事に取りかかることができます。

●ルーティン化でスタートダッシュをはかる

頭を仕事モードに切り替えながら、通勤時間などを利用して、具体的に1日の仕事についてイメージしていきます。特に職員室に到着して一番でやる仕事、授業の準備など、1日を効率よく進めていくための段取りはできるだけルーティン化していくことで、実際の仕事をする時にスムーズに取りかかることができます。

＋ one point

仕事を終えた後、時には教室でぼーっとしたり、職員室で同僚と会話したりして1日がんばった自分をいたわることも次の日への活力を生み出します。

2 ・・・ 優先順位を決めて進める

フツウの教師は、

一番気になるものから取り組む

デキる教師は、

重要度と難易度を確かめて取り組む

凄ワザな教師は、

子ども・保護者のことから取り組む

●気分に振り回されない

現在の学校現場は、待ったなしで次々に仕事が舞い込んできます。加えて、子どもを相手にしているため、計画通りに仕事を行うことができません。さらには思わぬ子どものトラブル発生に感情が揺り動かされ、「適当に終わらせてしまおう」などと投げ出したくなりそうになることも時にはあるでしょう。しかし、いちいち気分に振り回されていては、できる仕事もできなくなってしまいます。思い通りにいかない時こそ、冷静に計画的に仕事に取り組む必要があります。

●重要度と難易度を確かめて取りかかる

重要度と難易度を考えて、「重要だが難しくはない仕事」「それほど重要ではなく難しくもない仕事」「重要で難しい仕事」「重要ではないが難しい仕事」といった分類に分けてみましょう。そして、その仕事の期限と、今の自分の力ではどのくらい時間がかかるのかを考えながら、どの仕事から進めていくべきなのかを判断していきます。

●何はともあれ、子どもと保護者が最優先

教師の仕事でもっとも重要なことは何か、これを忘れてはなりません。急ぎの事務仕事があったとしても、子どもにトラブルがあれば、最優先で指導に全力を投入しなくてはなりません。保護者からの相談や苦情にも、優先的に対応する必要があります。子どもと保護者を一番に考える意識が、後の労力と時間の消費の抑制にもつながります。

＋ one point

突然トラブルが生じることを想定して、早め早めに仕事を進めておくなど、日頃から時間に余裕をもたせる意識を高めましょう。

3 締め切り期限を厳守する

フツウの教師は、

期日に合わせて予定を組む

デキる教師は、

少し早めのマイ締め切り日を設定して進める

凄ワザな教師は、

依頼を受けたらすぐに着手する

●期限を守ることは信用を守ること

管理職や教育委員会に提出する書類などは、期限が定められています。ところが、残念なことに、教師の中には少なからず、「少し遅れても……」という甘えをもっている人もいるように思えます。期限を守ることは約束を守ることです。約束を守ることは信用を守ることであり、何よりも子どもを教える者として、自ら範を示すべきことです。

●仕事は早いほど良い

時間がたくさんあると、それに甘んじて締め切り間際になるまで仕事に手を着けないことも起こり得るかもしれません。しかし、提出期限よりも、早く仕事を仕上げることで、気持ちに余裕もできますし、依頼主にも喜ばれます。

そこで、指定された締め切りより早めの「マイ締め切り日」を設定しましょう。仕事に早く取りかかる決意ができ、途中で不測の事態が起きても余裕で仕事を進めることもできます。

●少量でも、とにかくすぐに着手する

少量であっても、一度着手した仕事は意識から漏れることが少なくなり、「続きをやろう」という気持ちで取り組むことができるため、比較的気軽に進めることが可能になります。新しい仕事が入ってきたら、すぐに資料に目を通したり、学校名や氏名だけでも記入したりするなどして、わずかな時間であっても、とにかく手を着けてしまいましょう。

＋ one point

どの仕事でも、締め切り厳守とともに、常に「相手意識」をもって行うことが重要です。相手の気持ちを慮りながら仕事をすることが、すべての仕事を成功に導くカギとなります。

4

必要な資料にだけ意識を置く

フツウの教師は、
すべての資料をファイルする

デキる教師は、
届いた順にファイルする

凄ワザな教師は、
必要度で分類し、不要なものは捨てる

●資料は、とにかくファイルする

「いつどこでどの資料が必要になるか分からないから」という理由で、すべての資料を保管しておきたいと考えている人は多いと思います。確かに、必要な資料が手元にないというのでは仕事に支障をきたします。

そこで、手元に届いた資料は、とにかくファイルして保管するようにします。分類するのが理想ですが、整理が苦手で時間もかかるという人には、とにかく届いた順番にファイルして保管する方法がおすすめです。

●必要度に応じて分類し、ファイルする

行事予定や役割分担が書かれているような資料は、必ず見直しが必要になる資料です。研修会の資料や研究結果の分析資料などは、取り急ぎ必要にはならないものです。

見直し頻度や使用頻度に応じて資料を分類しておけば、頻繁に使用する資料を簡単に検索することが可能になります。

●学期ごとに見直して、目にしない資料は廃棄する

ひと月もふた月も目にしないような資料は、1年間ほとんど使用することのないものと考えてほぼ間違いありません。学期の終わりに、机やロッカーを整理して、ほとんど目を通さなかった資料は、確認の上、廃棄してしまいましょう。不要な資料を捨てることで、手元に置いてある資料は、必要なものという意識が強くなります。

＋ one point

整理に時間をかけたくない、整理が苦手という人には、会議ごとの資料を丸ごと一つの封筒に入れ、「○月○日会議資料」などと書いて保管しておくと便利です。

5

PC、タブレット、スマートフォンでスピードアップ

フツウの教師は、

フォルダを細かく分類していく

デキる教師は、

検索機能をフル活用する

凄ワザな教師は、

クラウド機能を使って一元化管理をする

●仕事の効率は検索力で決まる

現代の仕事にパソコンやタブレットなどのＩＴ機器は必須アイテムです。仕事が早い人は、必要な資料を素早く取り出す能力に長けています。必要なデータをすぐに検索しやすいように、ファイル名やフォルダの分類などを工夫しながら、自分なりの方法で分かりやすく整理しています。

資料のデジタル化が加速する現代、仕事の効率化・短縮化を図るためには、「検索力」の向上は絶対条件です。

●フォルダ分けは大雑把にキーワード検索を活用する

フォルダの分類で、あまり細かく分けたり多くの階層を設けたりすると、検索するのに時間がかかってしまいます。分類は月別や行事ごとなど、大雑把なものにしたほうが効率的です。さらに、検索を素早く行うためには、データのファイル名を分かりやすくして、キーワード検索ですぐに取り出せるようにするのがもっとも効率的です。

●いつでもどこでも仕事ができる状態に

現在はクラウド技術が発達して、タブレットさえあれば、いつでもどこでも必要なファイルを取り出して仕事をすることができます。また、ネットで会議を行い、リアルタイムで情報交換も可能です。このような技術は、学校現場がもっとも遅れているようなので、サークルや企業から技術を学び、自分の仕事に生かしていかなくてはなりません。

＋ one point

デジタルノートを活用することで、時間に関係なく連絡や情報共有を行うことが可能になり、そのままデータも保管できるため、仕事の効率化を図ることが可能になります。

6 スキマ時間を有効に活用する

フツウの教師は、

そのつど取り組めそうなことを行っていく

デキる教師は、

一つの仕事を細分化して取り組んでいく

凄ワザな教師は、

3分間でできる仕事をリスト化しておく

●スキマ時間の活用が身を助ける

教師の仕事は、際限なく次々と湧き出てきます。予定を立てていても、子どものトラブル対応や保護者対応などがやってきて、計画通りにいかないことはままあります。不測の事態に余裕をもって対応することができるように、やれる仕事はわずかな時間でも活用してどんどんこなしておくことが必要です。

●スキマ時間を見つける意識をもつ

周りの状況に目を向ければ、やらなくてはならないことは、あちこちにあります。いざという時にあわてないように、些細な時間にでもできる仕事はないか、常に意識化しておきましょう。

子どもを下校させて職員室に戻った時、その日の仕事をすべてやり終えておけば、退勤時間が毎日夜の7時を過ぎるということはなくなるはずです。

●3分間でやれる仕事はたくさんある

宿題チェックや小テストの採点、日記や連絡帳へのコメントなど、3分間もあれば進められる仕事は山ほどあります。また、簡単な事務仕事などは、3分間あれば終えることも可能です。出勤してから始業までの時間や授業と授業の合間など、わずかな時間でもやれる仕事を日頃からリスト化しておき、進めるようにしましょう。そのスキマ時間を無駄にせず、有効活用するという意識が大切なのです。

＋ one point

テストの採点や日記のコメントなどの仕事を、放課後にまとめてやろうという発想ではいけません。結局、積み残してしまい、帰宅時刻はどんどん遅くなってしまいます。

7 急な休みの遅れは先手必勝

フツウの教師は、

早出や残業をして取り戻す

デキる教師は、

急な休みに備えた準備をしておく

凄ワザな教師は、

日頃からプラスワンの意識で仕事をする

●仕事ができない場合があると意識する

教師も人間ですから、急な病や家族の都合などで欠勤を余儀なくされることがあります。年齢に関係なく、不測の事態は必ず起こり得ると考えておかなくてはなりません。すると、いつ不測の事態が起きても対応する心がまえがつくられます。急な欠勤にもあわてないように、日頃から自習教材を取り置くなどの準備をしておきましょう。

●プラスワンを心がける

校務分掌や学級事務など、子どもの指導に直接関わらないものは、早めにどんどん進めておくことが、急な欠勤にもあわてないためのもっとも効果的な方法です。

仕事を早く進めておくために、次の日にやれる仕事でも、今日のうちに少しでも進めておく、プラスワンの意識で仕事をしましょう。

●仕事を溜めず時間を貯める

タイムカードも残業という概念もないからでしょうか、多くの教師が時間を意識せずに仕事をしています。教育改革に伴う業務の増加や保護者からの過剰な要求などで、これからの学校はますます多忙になっていきます。早出や残業で仕事をこなしていくことが当たり前のような既存の働き方では、今以上に多くの時間を費やしても仕事が溜まる一方という状況になってしまうことでしょう。これからの教師は、時間は大切なアイテムという意識を強くして仕事に取り組まなくてはなりません。

＋ one point

急に欠勤した時に他の教師が困らないよう、日頃から予定表や教材の置き場所などの情報交換をこまめにしておくようにしましょう。

8

行事や校務分掌は特技を生かす

フツウの教師は、

決められた自分の担当部分をこなしていく

デキる教師は、

アドバイスを得たり情報交換を図ったりする

凄ワザな教師は、

得意分野で役割分担してもらう

●全職員の協力が効率化につながる

運動会や音楽会などの行事、また、参観や公開授業などの時期は、準備に追われて非常に忙しくなります。そうした時、学年の教師全員で膝を突き合わせながら一つの仕事を行うのをよく見かけます。しかし、これはもっとも時間がかかる方法です。授業案や教材作成、掲示物、進行や運営の企画などの仕事は、分担して同時進行することで効率的に作業を進めることができます。短時間で質の高い仕事をする工夫が必要です。

●遠慮なく尋ね、惜しみなく教える

役割分担をして仕事をするとはいっても、自分に割り振られた仕事以外に無頓着でいてはいけません。他の教師の仕事の進行具合ややり方を観察し、参考になることは吸収し合いながら進めることが大切です。常に他の教師から学ぶように心がけ、互いにさまざまなやり方を学び合うことで、仕事の幅も広がっていきます。

●得意なことを惜しみなく行う

人には得手不得手があります。得意分野で仕事を分担することで、個々の教師の力が発揮され、楽しみながらかつ効率的に仕事を進めることが可能になります。特に忙しい時期こそ、それぞれの得意分野で分担し、質の高い仕事を素早く進めていきましょう。

＋ one point

若くて経験が少ないうちは、時間ばかりかかって思うように仕事を進めることができないこともあります。先輩教師から積極的に教えを請うように心がけ、仕事の幅を広げていきましょう。

Column 2

「3分もある」という意識改革を

「3分」と聞くと、「たった3分しかない」と何もできないと考えがちです。しかし、3分間歩き続ければ、300メートルほどの道のりを進むことができます。本を2~3ページは読むこともできるでしょう。即席麺などは、3分間で調理完了です。

仕事においても、3分あれば、少なくとも三人分の日記に赤ペンを入れることができますし、子どものプリントやノートに、かなりの数の丸を付けることも可能です。

テレビやラジオの仕事をする人は、1秒も無駄にしないといいます。もし、3秒間、音声が途切れれば、視聴者に違和感をあたえてしまうことでしょう。また、3分もあれば、ちょっとした特集を組むこともできます。

「この程度の時間で何ができるの?」と、ほんのわずかな時間を軽く考える人は、結局、1時間あっても何もできずに、無駄にしてしまうことになります。反対に、「少しでも何かをやろう」と考えて行動することができる人は、3分あれば、ある程度の仕事をやり遂げてしまいます。

「このわずかな時間に、何かやろう!」とポジティブに考えることで、段取りがうまくなり、集中力も身につけることができます。子どもに対する指導にもメリハリが出てきます。1日のうちに必ずできる「スキマ時間」をどう有効に使うのか、考えながら仕事をすることが重要です。

Chapter 3

一挙両得！
ラクなのに
信頼感がアップする
学級づくりの時短術

子どもに力をつけるために必要なのは、
多大な労力と時間を費やすことではありません。
子どもを伸ばすために本当に必要なことは
何かを考えて仕事をしましょう。

1

新年度準備の心得

フツウの教師は、

年間予定表を頭に入れて1年をイメージする

デキる教師は、

資料を集めて1年の見通しを立てる

凄ワザな教師は、

過去のデータも活用し、1年の予定を立てる

●1年間の流れを大まかにイメージする

年度始めに出される年間予定表を目の前において、1年間の流れを大まかに把握します。運動会や音楽会などの大きな行事に関わって、準備や指導がどのように進められるのかを具体的にイメージしてみます。学期末などは、通知表や個人懇談会などで、特に忙しくなることが想像できます。どの時期にどの程度の労力と時間が必要かを把握することで、1年間の働き方に見通しをもつことができます。

●資料を活用して見通しを立てる

授業や学級経営など、子どもに関わる仕事の時間を十分確保できるように、年間予定表を手元において仕事を進めるようにしましょう。その効果的な方法としておすすめしたいのが、書籍や他の教師からの資料をフル活用することです。授業や学級経営に活用することができそうな資料を集め、それらを参考にすることで、より具体的に1年間の見通しを立てることができます。

●過去のデータから「山」と「谷」の時期を見極める

過去3年分のデータをプリントアウトして、学校行事や研究授業、校務分掌などで自分に関わる仕事にマーキングしていきます。そして、その準備にどれくらいの時間を要するかをイメージしていくのです。1年間の忙しい時期とゆとりのある時期を明確にして、余裕をもった仕事ができるように計画を立てていきましょう。

＋ one point

年間予定表の中で、自分に関係のある仕事にマーカーで色を付けてみましょう。すると、仕事の「山」と「谷」が一目で把握することができます。

2

提出物・配付物の集め方を工夫する

フツウの教師は、

列ごとまたは班ごとに集めさせていく

デキる教師は、

教卓の上に名簿順に提出させていく

凄ワザな教師は、

名簿順に直接手渡しで受け取っていく

●提出状況をチェックしながら集める

家庭調査票や健康調査票など、個人情報が記載された重要な書類は、念には念を入れて集めるようにしましょう。子どもから書類を受け取った記憶があやふやで、書類が見つからないという事態があってはなりません。重要な書類は必ず手渡しするように子どもに指導して、朝の会などでチェックしながら一人ひとりから受け取るようにしましょう。「保護者からの提出物は最重要書類」という意識をもち、取り扱いには万全を期します。

●配付後の保管が効率の差を生む

子どもや連絡帳を通じて、保護者からプリントの再配付の依頼が来ることがあります。そのような時にあわてないためにも、子どもに配付したプリントは、1週間程度はすぐに出せる場所を決めて保管しておくと、後々の時間と労力を削減できます。特に行事などへの申し込みプリントは、締め切り日の前日まで保管するようにしましょう。

●「確実に、素早く」が基本

学校便りや学年通信、催し物の案内や作品募集など、学校からは毎日のように子どもにプリントを配付します。なかには、行事予定や参観の案内、申し込みプリントなど、必ず保護者に届けなくてはならない重要なものも数多くあります。確実に保護者に届けるために、特に重要書類は、配付後すぐにランドセルに入れるよう指導しましょう。受け取る際は、名簿順に手渡しさせていくのが基本です。

＋ one point

集めた書類は、「重要」と書いた赤色などの目立つクリアファイルに入れて、カギのかかる机の引き出しに一時保管しておきましょう。

3 連絡は正確かつスムーズに

フツウの教師は、

全員そろってから一斉連絡をする

デキる教師は、

連絡事項を板書して全員にアナウンスする

凄ワザな教師は、

日直に板書させて連絡事項を確認する

●全員に確実に連絡事項を伝える

時間割や持ち物をはじめとして、子どもたちへの連絡事項はたくさんあります。連絡は正確かつスムーズに行われないと、情報が伝わらなかったり、誤って伝わったりして、後々相当な時間と労力を消費することになりかねません。

クラス全員が着席した状態であることはもちろん、落ち着いて聞く姿勢になっている状態をつくり、漏れなく伝えなくてはなりません。教師の言葉に意識を集中させることが、正確かつスムーズに連絡ができる状態を保障します。

●大切なことは必ず目と手と耳を働かせて伝える

連絡事項の中には、プリントで配付するほどではなくても、保護者にも伝えておきたいこともあります。少し重要な連絡については、耳だけではなく必ず連絡帳に書かせるようにします。その際、先に板書したものを教師が読んで聞かせ、その後、連絡帳に写させたものを教師がチェックするというように、確実に伝わるようにしましょう。

●連絡を、子どもの力をつける手段に

日直の子どもに連絡事項を書いたメモを渡して黒板に転記させるようにすれば、教師の時間を節約することはもちろん、子どもの力を高めることにもなります。

連絡を単に情報の伝達として考えるのではなく、連絡を通じて大切なことを伝え合う力を高めるための手段として活用することも考えていきましょう。

＋ one point

連絡したことが子どもに正確に伝わっているかどうかは、隣同士で連絡内容を復唱させることで、確認・徹底することができます。

4

一度で伝わる信頼される生活指導

フツウの教師は、

気付いた時にすぐ注意する

デキる教師は、

なぜ指導されているかの理由を説明する

凄ワザな教師は、

子どもに振り返らせ理解させて反省を促す

●教師の押し付けを前面に出さない

きまりを守らない子や危険な行いをする子、友達を傷つける子など、子どもを指導する場面はたくさんあります。間違った言動に対して指導するのは当然ですが、「反省せよ」と正論を上から押し付けるだけの指導を続けていては、いつまでたっても改善されることはありません。

いつも同じように禁止と命令だけの指導を続けていれば、時間を労するばかりで子どもが教師に反発心を抱きかねず、心から反省する姿勢も育たなくなってしまいます。

●指導の理由は必ず伝える

頭ごなしに怒鳴りつけてその場の行為を止めたとしても、教師の圧力によって行為を改めただけに過ぎず、子ども自身が心から反省して改めているわけではありません。低学年の幼い子どもでも、なぜ自分の行いは間違っているか、なぜ自分が叱られなくてはならないかということを理解しなければ、納得してスッキリと反省することはしません。

●自分の頭で考えてこそ本物の力になる

勉強でも同じですが、苦労して自分の力で獲得したことは、忘れることはありません。なぜ悪いのか、どこが間違っていたのか、これからどうすればいいのかと、子ども自身に考えさせることで、真剣に反省し、納得して自分の行動を改善しようと心がけるようになります。子どもに考えさせる指導を心がけることが成長への近道です。

＋ one point

子どもが行動を改善するには、相当な時間と労力が必要です。一度や二度では直らないと想定し、教師の本分と心して、あきらめずに何度でも繰り返すことが大切です。

5

時間内で全員食べられて楽しくなる給食指導

フツウの教師は、

時間内に全部食べるように声をかけていく

デキる教師は、

一口でも食べられたらほめる

凄ワザな教師は、

量を自分で決めさせ、達成感を味わわせる

●ただ「食べなさい」では苦痛をあたえる

「残してはダメ」と無理やり食べさせたり、時間内に食べきるように急かしたりすると、食べたものを戻してしまったり、給食の時間そのものが苦痛になってしまったりする子もいます。好き嫌いが良くないことは、子ども自身も分かっています。しかし、嫌いなものが喉を通らない子もいます。無理に食べさせようとすると、一生その食べものが嫌いになってしまう危険もあります。厳しすぎる給食指導は、控えなくてはなりません。

●「これならいける」程度の目標を達成させる

一口でも食べることができたら、「やったね。食べることができたね」と、子どものがんばりをほめるようにしましょう。その一口が自信になって、次もがんばって時間内に食べられるようにがんばろうと思うようになっていきます。食べることのできる量は、日によって異なるので、少量でも目標を達成させるようにしましょう。

●自分で考えさせ、決めさせることで自信がつく

教師が勝手に目標を立てると、子どもは最初から「無理だ」と感じてしまいます。そこで、食べることができそうだという分量を、子ども自身に決めさせて調節させるようにします。もちろん、教師と相談しながら、食べきることができそうだという量に調節させるようにします。自分で決めた分量ですから、徐々に食べる量が増えて自信がついていくとともに、給食の時間も負担なく楽しみになっていきます。

＋ one point

給食の時間が楽しいものであれば、自然に食べる量も増えていきます。楽しい雰囲気づくりを教師が率先してつくっていきましょう。

6

子どもがキビキビ動き出す掃除指導

フツウの教師は、

一緒に掃除をしながらそのつど指導する

デキる教師は、

掃除が上手な子をほめて、やる気を引き出す

凄ワザな教師は、

サボる子のクラスへの所属意識をくすぐる

●子どもの目線に立ってみる

子どもと一緒に掃除をしてみると、掃除をサボりたい子の気持ちも、一生懸命掃除に取り組む子の気持ちも理解することができます。まずは教師が子どもと一緒になって、「気持ちいいね」などと言いながら汗だくになって掃除をする姿を見せましょう。子どもたちに、一生懸命掃除に取り組む充実感を味わわせることができます。

●ほめることで周囲の子のやる気も引き出す

一生懸命掃除に取り組む姿を、クラス全員の前で認めたりほめたりすることで、子どもにクラスの一員としての有用感をもたせることが大切です。「頼りにしているよ」「みんな感謝しているよ」などの言葉がけで、子どもに、「クラスの役に立っている」と実感させ、クラスの一員としての存在意義を味わわせながらやる気を引き出すようにしましょう。

●集団への所属意識をくすぐる

ふざけて掃除をしている子には、「やりたくないなら、無理してやらなくていい。遊んできなさい」と真剣な表情で言ってみましょう。子どもは、掃除をサボったりふざけたりしてはいけないことを分かっています。「やらなくていい」という教師の言葉は、クラス集団への所属を許さないというメッセージになります。子どもの集団への所属意識はとても強いので、早い段階で「やらせてください」と反省させることができます。

＋ one point

掃除は取りかかりが大切です。素早くスタートを切らせることで気持ちが引き締まり、キビキビと短時間で掃除をすませることができます。

7

時間をかけずにクラスが活気づく掲示物

フツウの教師は、

授業参観に合わせて教室掲示に力を入れる

デキる教師は、

掲示物を考えた学習計画を立てる

凄ワザな教師は、

日々の学習活動を日頃から掲示していく

●掲示で丁寧さを意識させる

学力向上の基本は、丁寧に学習作業を行う力です。ノートを丁寧に書かせる指導を継続して行うことが必要です。その成果を「見える化」するために、学習活動で作成したプリントやノートを、定期的に教室に掲示するようにしましょう。自分が書いたノートやプリントが掲示されることによって、友達や教師の目に触れることを意識し、自然に丁寧さを心がけながら学習に取り組むようになります。

●日頃の学習の「あしあと」を残す

図工や書写の作品、社会科や国語科の新聞だけでなく、授業で使用した学習プリントやノートなども、教室に掲示するようにします。目に触れる場所に掲示することで、どの教科でどのような学習をしてきたのか、その「あしあと」がよく分かります。そうした教室掲示であれば負担もなく、掲示を意識して学習を進めることによって、授業の振り返りとともに教室環境づくりも効果的に行うことができます。

●掲示物で学習意欲を刺激する

例えば掛け算九九表や面積の公式、声の大きさのバロメーターや実験器具の使い方、学習のきまりなど、学習態度や教科学習に必要なものを掲示することで、学習理解に役立てることができます。授業で学んでいるものを掲示することによって、授業中にかかわらず、休み時間でも子どもの目に触れることになり、学習効果の浸透が期待できます。

＋ one point

生活のきまりについて、例えばイラストや川柳などを活用してユーモアのある掲示物をつくることで、子どもを効果的かつ速やかに指導することができます。

8 簡単なのに喜ばれる学級通信のつくり方

フツウの教師は、

子どもの写真や作品を掲載する

デキる教師は、

必要に応じて子どもの様子を伝える

凄ワザな教師は、

子どもの様子から自分の教育観を伝える

●ワンパターンでは読まれない

手間がかかるからといって、いつも子どもの作品や作文ばかりの学級通信では、読み手も飽きてしまいます。多くの保護者に目を通してもらうためには、授業の様子やクラスの取り組み、子どもたちの課題や教育時事など、さまざまな内容を工夫する必要があります。現在は、パソコンで学級通信を作成する先生がほとんどだと思いますが、時には短くても手書きの学級通信を発行すると、インパクトをあたえることができます。

●伝えたい時に不定期に伝える

定期的に学級通信を発行するのではなく不定期に発行すれば、時間だけではなく精神的な負担が軽くなります。むしろ「発行しなくては」と強迫観念にとらわれてしまうことで意図がずれ、内容が浅薄なものになってしまいます。

ハードルはあえて下げ、ひと月に最低1号は出す程度の目標にして、必要に応じて発行していくことを、あらかじめ保護者に伝えておくといいでしょう。

●学級通信は教師を理解してもらうツール

学級通信は、子どもやクラスの様子、連絡事項を伝えるためだけのものではありません。担任の人柄や教育観などを効果的かつ迅速に保護者に伝える役割も担っています。

子どもたちの様子を見て、担任の考えや教育観を書き添えるように心がけましょう。保護者は、そこから日々の指導の基盤となっている担任の考えを理解していきます。

＋ one point

年度末に学級通信をまとめて製本して、子どもにプレゼントすると喜ばれます。また、担任の記録として残しておけば、後に実践資料として活用することもできます。

Column 3

「忙しい」は逃げ口上

私がまだ教職について間もない頃のことです。ある研究会から、研究紀要の冊子に掲載する実践原稿を頼まれたことがありました。しかし、実践して原稿を書くということが、とてつもなくたいへんなことで、とてつもなく労力を必要とすることのように感じた私は、その仕事を引き受けることは無理だと感じました。何度も頭を下げる相手に対して、私は、

「忙しいので……」

と、仕事が多忙であることを理由に、その依頼を断ってしまったのです。時間を工面すれば、可能だったはずです。しかし、私は、自信がないことを悟られることが恥ずかしくて、「忙しい」という理由をつけて、断ったのです。きっと、私に仕事を頼んだ人は、私のことを「仕事ができない教師」だと思ったことでしょう。思い出すたびに、あの時の自分に腹が立ってなりません。なぜ、「自信がないのです」と正直に言わなかったのかと後悔は尽きません。「自信がない」と正直に伝えれば、相手もできる限りの支援を申し出てくれたはずです。

教師の中には、あの時の私と同じように、「忙しいから」と、仕事を断る人が少なからずいますが、それは自分の能力のなさを悟られないための逃げ口上ではないでしょうか。能力のある人は、ある程度のことは引き受ける器量をもっています。忙しいことを言い訳にするのは、あの日の私と同じく「私は無能です」と、周りに宣伝しているようなものです。

Chapter 4

限られた時間で無理なくできる！授業の準備と進め方

いくらら時間がなくても、
日々の授業は待ったなしです。
子どもを引きつける授業ができるか否かは、
限られた時間の中での
発想力と集中力がものを言います。

1 遅れない指導計画の立て方

フツウの教師は、

年間指導計画にのっとって立てていく

デキる教師は、

年間指導計画を目安にしてつくり替える

凄ワザな教師は、

学習内容の重要度で進度を調整していく

●年間指導計画はあくまでも「目安」

年度始めに立てる年間指導計画をもとに、どの時期にどの単元を学習しなくてはならないか、大まかに目安を立てましょう。実際に授業が始まったら、指導書を参考にしながら大幅に遅れることのないように気を付けて授業を進めます。計画通りに進んでいくことが理想的ですが、特に年度始めは学習のきまりをしっかり指導する時期なので、無理がないよう、子どもの理解度や学習態度に応じて時間を調整するようにしましょう。

●重要な学習には時間をかけてじっくりと

学習内容に応じて、しっかり時間をかけて習得させなくてはならない単元もあれば、指導書の計画時間よりも早く終えることができる単元もあります。

漢字や計算の方法など、当該学年でしっかり習得させておかなければ取り返すのが難しい学習については、あえて多めに時間を確保し、定着するまでじっくり指導することが、後々遅れを出さないコツになります。

●授業の工夫でスピードアップ

例えば、算数の図形の単元などは、パソコンソフトを活用することで、短時間で学習内容を習得させることが可能になってきました。理科や社会科でも、一昔前とは異なり、ソフトやSNSを活用することで、短時間で効果的に授業を進めることができます。授業に使える最新機器情報に敏感になり、日頃の授業にどんどん活用していきましょう。

＋ one point

授業をスムーズに進め、子どもの理解度を高めるためにもっとも効果的なことは、早い段階で子どもたちに授業規律を身につけさせ、落ち着いて学習に取り組む姿勢を定着させることです。

2

サクサク進む教材研究

フツウの教師は、

指導のねらいを定めて進める

デキる教師は、

学年団で教材研究を行い、シェアする

凄ワザな教師は、

過去のプリントやアイデアをフル活用する

●明日の授業に役立つ教材研究を

教師としての経験が少ないうちは、「明日の授業をどう乗り切ろう」ということで精いっぱいです。そこで、1時限の授業のねらいだけをしっかり定め、そのねらいに近づけるために、具体的にどのような流れで授業を組み立てるかを考えていきます。

例えば、ねらいが、わり算の筆算のやり方を理解させることであれば、どのように説明し、作業させることが、効果的にねらいの達成に近づくことになるのか考えて授業の流れを組み立てるという具合です。

●一人よりもみんなで研究

私たちが若い頃とは異なり、今の若い先生方には、同じ世代の仲間がたくさんいます。そうした状況を生かし、授業の進め方や発問づくり、教材開発などは、一人よりも仲間とやったほうが、よりコンパクトな時間で良い授業案ができますし、多様なアイデアも浮かびます。そして何よりも仲間との意見交流が、自分の授業力を高める場になります。

●役立つものはシェアして使う

たくさんの教師仲間と一緒に検討し、情報交換を行うことで、さまざまな授業アイデアを獲得することができ、子どもを引きつける教材や授業に役立つ教具を手に入れることができます。また、過去に役立った教材や教具、うまくいった授業案なども共有することで、短期間のうちにかなりの授業力を身につけることができるようになります。

＋ one point

同僚との学び合いも大切ですが、他校の先生と出会える教育サークルに参加すれば、より多くの実践に触れることができます。授業力の向上につなげましょう。

3 負担にならない印刷物の準備

フツウの教師は、
デジタルデータを活用する

デキる教師は、
学年共有のプリントや教材を活用する

凄ワザな教師は、
遠慮なくサポートスタッフの手を借りる

●学習プリントは原稿をストックしておく

現在は、さまざまな学習プリントがデジタルデータとして保管されています。しかし、デジタルデータの原稿では、いざという時に困る場合がよくあります。すぐに使いたい時、パソコンが立ち上がっていなかったり、データの検索に予想以上の時間がかかったりして、あまり役に立たなかったという経験は、誰にでもあるのではないでしょうか。

学習プリントは、原稿を紙に出力してストックしておき、素早く印刷できる状態で保管するのが便利です。

●プリント原稿の置き場所を共有する

急な欠勤などで、他のクラスの授業を任された時、学習プリントや教材がどこにあるのか分からない場合があります。自分以外のパソコンにあるデータとなればなおさらです。学習プリントのデータや原稿は、常に学年で共同管理しておき、不測の事態にも対応できるように、学年の担任の誰もが使うことができるようにしておきましょう。

●印刷はできる人ができる時に

授業で使用する学習プリントや宿題プリントの印刷は、予想以上に時間や手間がかかり、準備の負担が大きいものです。最近は、専門スタッフやサポートスタッフなどがいる学校が増えてきましたが、クラスの指導などで忙しい時は、遠慮せずに協力をお願いしましょう。他の人の手を借りることは、これからの働き方には必須です。

＋ one point

必要なプリントは、自分のクラスの分だけではなく、他のクラスの分も印刷しておきましょう。たとえすぐには使わなくても、宿題や自習で使う時が必ずきて役立ちます。

4 効率的で子どもに伝わるノートチェック

フツウの教師は、

全員のノートを集めてからチェックする

デキる教師は、

授業中に基礎問題だけをチェックする

凄ワザな教師は、

授業に位置付けて机間巡視でチェックする

●チェックも大切な学習

宿題の丸付けは、教師がやらなければならないという考え方を変える必要があります。自分のやった問題をチェックして丸付けをすることも、子どもにとっては大切な学びです。子ども自身でチェックすることで、どこを間違えやすいかを自分で発見できます。自分でチェックすることによって頭がフル回転し、真の学力が身につきます。

●基礎問題だけを教師がチェックして指導

計算などは、できる限りたくさん練習させたいと思います。しかし、たとえ5問であっても、すべての子どもをチェックして丸を付けていくのは時間がかかり、結果、計算の練習時間が減ってしまいます。そこで、教師がチェックして丸を付けるのは1問だけにして、チェック後はどんどん練習をさせるのです。その間、できていない子どもには必要に応じて個別指導を行います。

●机間巡視でチェックして個別指導

ノートのチェックと評価を机間巡視で行えば、時間短縮が図れる上に学習意欲を個別に引き出せます。あたえられた課題を考えている時間に、机間巡視しながらノートに赤ペンを入れていくのです。意欲的に学習に取り組んでいる子のノートに、「A」や「◎」「Good」などの評価を赤ペンで書き入れていきます。その際、「素晴らしい」「エクセレント」などと言葉を添えることで、さらに子どものやる気を引き出すことができます。

＋ one point

机間巡視で赤ペンを入れたノートは、学期末に回収し、通知表を作成する時の資料として活用することもできます。

5

欠席した子がいても授業を遅らせないコツ

フツウの教師は、

休み時間に欠席した子を個別指導する

デキる教師は、

前時の復習から授業をスタートさせる

凄ワザな教師は、

欠席した子を主役に授業を行う

●むやみに休み時間を削らない

子どもが欠席した時は、補習しなくてはならないと、無理にでも時間を確保して個別指導を行いたいと思うことでしょう。そして、その時間に休み時間を充てることがありますが、休み時間は子どもにとって、友達とふれ合う大切な時間です。時には、休み時間を活用することもやむを得ませんが、むやみに休み時間を削るのは考えものです。

●前時の復習で授業のエッセンスを教える

欠席した子の学習補習は、時間的にもかなりの負担になります。しかし、学力保障の観点に加え、保護者対策も頭に入れて、補習指導を行う必要があります。

そこで、欠席した子には、その日の簡単な学習記録や友達のノートをコピーしたものなどを届けておき、出席した日の授業中に補習するようにします。授業冒頭の時間に「前時の復習」として、クラス全員で振り返りながら、欠席した子に学習ポイントを理解させるように授業を進めます。

●主役になれば理解が進む

前日の学習のポイントを、欠席した子以外の子どもに発表させます。そしてすぐに「ここでのポイントは？」と、欠席した子を指名して発表機会を多くあたえていきます。その際、あらかじめ指名することを周知しておく配慮が必要です。欠席した子は、分からなくても当然という安心感はあるものの、集中して欠席期間中の学習に取り組めます。

＋ one point

他の子のノートをコピーし、欠席した子の連絡バッグに入れて言づけるようにして、どのようなことを学習したのか、ポイントをあらかじめ伝えておきましょう。

6

短時間でこなせるテスト採点

フツウの教師は、

子どもが帰宅してから一度にまとめて行う

デキる教師は、

休み時間に順次行っていく

凄ワザな教師は、

授業中にできた子からどんどん採点する

●必要な時間は子どもによって異なる

制限時間まで待ってから、一斉に出席番号順にテストを回収する先生がいます。しかし、解答に要する時間は、子どもによって異なります。小学校の市販テスト程度なら、再確認の時間を入れても早くやり終えてしまう子どもがほとんどです。

四〜五人分のテストが回収できたあたりで採点を始めていけば、テストを採点する時間が生み出され、時間を有効に活用することが可能になります。

●待ち時間を無駄にしない

テストを提出し終えたら、漢字や計算練習、読書など、時間を有効に使うように子ども自身に考えさせるよう指導しましょう。余った時間を無駄にせず、時間を有効に使う力を早くから身につけさせる指導を、テスト時間を活用して行うことができます。

●採点は揺らがず素早く

採点は、一人分すべてを一気に行うのではなく、同じ問題だけを次々にしていくようにします。そうすることで、採点基準の揺らぎがなくなるからです。

丸付けをしているうちに、次々とテストが提出されるので、テスト時間が終わる頃には、数人を除いて全員分のテストが提出される状態になります。三十人程度なら、授業中にほぼ全員の採点を終えることができるようになります。

＋ one point

早く提出する子どもの中には、雑な文字や空白箇所が多いなど、いい加減な解答をしている場合が多々あります。ざっと目を通して、再度丁寧に解答するように指導します。

7 時間に追われない通知表作成のコツ

フツウの教師は、

参考例を活用して出席番号順に書き進める

デキる教師は、

迷う子を後回しにして書き進める

凄ワザな教師は、

日頃から子どもを観察して記録を残す

●書きやすい子から書き進める

特に通知表の所見欄を書く時、スラスラと書き進めることのできる子もいれば、どのような所見を書けばいいのか迷ってしまい、筆が進まない子もいます。通知表は、最終的に終業式の日までに全員分が仕上がっていればいいのですから、出席番号順で通知表を仕上げようと思わず、書きやすい子のものからどんどん書き進めていきましょう。

●気持ちに余裕をもたせるためにも

書くことが思い浮かばない子のところで行き詰まって時間を費やしてしまうと、2時間もかかったのに数人分しか仕上がっていないということになりかねません。そして、残っている通知表の数が多いと憂鬱になり、気持ちに余裕がなくなってしまいます。評価しやすい子の通知表から書いていけば、短時間のうちに相当数の通知表を仕上げることができ、筆が進まない子についても焦らず余裕をもって作業することができます。

●日頃からじっくり観察

所見を書きづらいのは、その子のことを気にかけて観察していないという証拠です。日頃から、子ども一人ひとりをじっくり観察し、学校生活や授業での様子を簡単なコメントで残していくなどしていくと、通知表作成の際にあわてることはありません。通知表を作成する作業をきっかけに、すべての子に目をかけて指導する必要性を再確認し、書くことを迷う子こそより丁寧に観察するように心がけましょう。

＋ one point

手書きの通知表が姿を消していくに伴い、所見の参考例が電子データで販売されるようになりました。参考例を活用したとしても、必ず自分の言葉で所見を書くことが大切です。

8

子どもが輝いて保護者も安心する授業参観の準備

フツウの教師は、

おもしろい教材を用意して授業計画を立てる

デキる教師は、

前日に身の周りの整理整頓をさせる

凄ワザな教師は、

全員が発表できる授業計画を立てる

●参観は親へのアピールの場

授業参観は、教師の指導法や教師と子どもとの関係、クラスの雰囲気などを保護者に伝える場です。1時限の授業の中に、「個々の子どもが活躍する場面」「全員で課題に取り組む場面」「意見を交流する場面」などを組み合わせて進めることで、保護者が見ていて飽きない授業、クラスの雰囲気を伝える授業にすることが大切です。そうした視点で授業参観を工夫し、保護者に担任の熱意を伝えて安心感をもってもらいましょう。

●保護者に恥をかかせない配慮を

参観が終わった後、自分の子の席に行って、机の中を整理している保護者の姿を見ることがあります。おそらく、我が子の机の乱れを、他の保護者がどう思っているのか気が気ではなく、恥ずかしい思いでいたことでしょう。保護者に恥をかかせないように、事前に机やロッカーの整理整頓をさせるように指導して参観に臨ませることが大切です。

●保護者は我が子だけを見ている

保護者からすると、自分の子が発表する場面もなく、活躍するのを見ることができなかったというのでは、忙しい時間を工面して参観に来た意味がありません。すべての子に、保護者の前で活躍する姿を披露させる必要があります。参観の授業は、クラス全員が少しずつでも活躍できる場が設定されるように準備し、参観に来た保護者が「来て良かった」と思えるような工夫と配慮が必要です。

＋ one point

子どもの意見に対して教師が問い返したり、子ども同士で議論させたりするなど、掛け合いや交流が活発な授業を計画し、教師の熱意やクラスの雰囲気が感じられる授業にしましょう。

Column 4

「残業代ゼロ」に甘えるな

公立学校の教師には、教職調整額として給料月額の4％が支給される（「公立の義務教育諸学校等の教育職員の給与等に関する特別措置法」）代わりに、残業代は支払われないことになっています。

この「残業代ゼロ」が、教師の時間外労働に対する意識を低下させています。通常、企業では、所定勤務時間を超えて業務を行えば、その対価として残業代が支払われることになるため、「時間＝お金」という意識が強くなります。残業時間には上限が設けられているため、お金にならず法律に触れる残業をしてはならないという意識が生まれます。ところが、「時間＝お金」の概念が薄い、残業代ゼロの公立学校教師は、残業に対する意識が低下し、残業を抑止することが難しくなっています。

特に、最近の教師は真面目ですから、「早く帰りなさい」と管理職から命じられると、「仕事を終えていないのに帰れとは何事か」「いくら残業しても誰にも迷惑をかけない」と反発する人が多くいます。

教育現場で、他の企業なら決して認められない過労死ラインを超えた時間外勤務が横行している原因の一つは、「残業代ゼロ」という特殊な環境に甘え、時間を湯水のように浪費しているという意識をもたない教師の働き方にあると言わざるを得ません。もっと、時間に対する感覚を磨き、効率的な仕事を意識して仕事を進めることが必要です。

教師自身が法律や制度の改革はできませんが、時間の使い方や仕事の効率化は、働き方の工夫によって実現することが可能です。

Chapter 5

早く帰れる教師はコミュニケーション上手！信頼感もアップする保護者対応術

保護者対応は、教師の仕事の中で
もっとも時間を要することと言っても
過言ではありません。
関係構築と信頼アップが時短につながると
心得て、日頃からコミュニケーションに
気を配りましょう。

1 関係構築につながる連絡の基本

フツウの教師は、

トラブルが起きたら電話で連絡をする

デキる教師は、

トラブルが起きたら家庭訪問をする

凄ワザな教師は、

子どもががんばった時こそ連絡をする

●保護者への連絡を「恐怖」にしない

子どものケガや体調不良、友達とのトラブルなどで、保護者に連絡をしなければならない時、保護者からどのような反応があるのかと、恐怖さえ感じることがあります。確かに、教師の連絡を受けて気分を害し、ぞんざいな態度をとる保護者もいます。しかし、保護者と一緒に子どものために考えるという基本を忘れずに対応することが大切です。また、その際、電話ではなく、家庭訪問をして直接話をすることが解決への近道です。

●保護者が信頼を置くのは「自分の子を思ってくれる教師」

どんな保護者でも、我が子のことを考えてくれる教師を悪く思う人はいません。たとえ学習中に子どもがケガをしたとしても、子どもの立場に立って学校生活のさまざまな場面での配慮を行うことで、教師の気持ちは必ず伝わるはずです。逆に、「学校に落ち度はなかった」などと、自分を守ることを前面に出した瞬間に、保護者の態度は思わぬ方向に向かい、問題がどんどんこじれてしまいます。

●「良いところ」こそ保護者に伝える

保護者に連絡をするのは、何かトラブルがあった場合だけでは、保護者が学校からの連絡に対して身構えてしまいます。トラブルがあった時だけではなく、子どものがんばりや感心した時にこそ、連絡帳や電話で保護者に伝えることが大切です。子どもの良さを話題にすることにより、保護者との関係はみるみる良好になっていくものです。

＋ one point

1年の間に子どもの良さを伝えるはがきを、全員に1通ずつ送るようにしましょう。担任からの突然の便りに、保護者も子どもも大喜びで、教師への信頼アップに役立ちます。

2

信頼される連絡帳の書き方

フツウの教師は、
教師が見たサインを入れて返す

デキる教師は、
ひと言コメントを添えて返す

凄ワザな教師は、
プラスのコメントを必ず添えて返す

●保護者は教師のひと言を期待している

とりたてて返事を書くまでもない内容であっても、書いて寄越したということは、後で保護者はその連絡帳を必ず見るはずです。重要ではないと思われる連絡でも、サインを入れるだけではなく、必ずひと言コメントを添えることが礼儀です。わずかひと言が、相手に対する思いやりや対応の誠実さを表すことになり、後の関係に大きく影響します。

●連絡帳で誠実さを伝える

批判的な内容や苦情に対しても、「ご指摘ありがとうございます」「ご連絡ありがたく拝見しました」などの感謝のひと言を添えることが大切です。批判や要望を率直に伝えてもらうことで、指導の至らなさに気付き、後に役立てることができます。苦情や要望は、じつはもっともありがたいメッセージなのです。ポジティブな気持ちで感謝の言葉を添えて返すのが、誠実さを伝える最善の方法です。

●子どもを気にかけていると感じさせる

例えば、「体調が悪くて、宿題ができていません」という連絡には、「学校では、努めて元気にがんばっていました」と、「教科書が見つかりません」と書かれていたら、「学校でも、一生懸命探していました」と、子どもの様子を伝えるひと言を添えて返します。保護者と同じく担任も、その子を気にかけて観察し、支援をしていることを、子どもの様子を通して伝えていくことが重要です。

＋ one point

簡単な連絡であれば、低学年であっても、連絡帳を担任に見せる時に子どもの口から用件を言わせるように指導し、子どもの責任感を育てましょう。

3

問題をこじらせない電話対応

フツウの教師は、

丁寧な言葉づかいで話す

デキる教師は、

内容を事前にまとめて気を配りながら話す

凄ワザな教師は、

相手の言い分を聞くことに力を入れる

●事実や願いをしっかりまとめて対話に臨む

互いに表情が見えない電話では、些細な言葉のかけ違いが大きなトラブルに発展してしまうおそれがあります。相手の声から感情を推測しながら、対面して会話する以上に丁寧に対応する必要があります。何を尋ねられても困って口ごもったり、あやふやな言葉を言ったりすると、大きな誤解が生じかねないので、電話する前に事実や伝えるべきことをしっかり考えておきましょう。

●自分の思いを前面に出さない

子どものトラブルや保護者からの苦情の電話に対しては、「こちらにも言い分がある」と腹立たしく思うことが多々ありますが、「それは違う」「私はこう考える」などの言葉は、相手を否定する言葉になります。

相手を感情的にしてしまうと、解決から遠ざかり、大きなトラブルを招くだけに終わってしまいますので、特に電話対応で自分の主張や思いは控えるべきです。

●聞くこと8割が基本

電話対応に限らず、相手が苦情を申し立ててきた場合の対応で大切なのは、まずは相手の感情を収めることです。そのためには、相手の心の中にあることをできる限り多く吐き出させるようにします。反論や意見は一切出してはいけません。相手が冷静さを取り戻して、こちらの話を聞く姿勢になるまでは、とにかく聞くことを心がけましょう。

＋ one point

特に苦情の電話対応をする時は、ゆっくりとした柔らかい口調を心がけ、保護者の感情を落ち着かせましょう。相手を受け入れる姿勢を、声のトーンによって伝えることが基本です。

4

安心してもらえる子ども同士のケンカ指導

フツウの教師は、

すぐにやめさせ、互いに謝罪をさせる

デキる教師は、

周りの子からも事実確認をする

凄ワザな教師は、

互いに非を認めさせ、保護者にも連絡する

●強制的な謝罪は遺恨を残す

ケンカが起こると、子どもの中に入って仲裁役を買って出て、「お互いに謝りなさい」という指導で終わってしまっているケースがあります。一件落着したように見えて、じつは根本的なところが解決していません。

教師が強制的に謝罪させる指導を続けた結果、後になってわだかまりが爆発し、解決が難しいトラブルに発展してしまうこともままあります。ケンカを解決するために、教師の圧力による強制的な謝罪で終えるような指導をしてはいけません。

●事実確認で納得させ、互いに非を認めさせる

まず、事実確認をしっかり行った上で、それぞれの言い分を一人ずつ納得がいくまで話させることです。そして、相手の何が気に障ったのか、どのような言動が相手を怒らせたのかを振り返らせ、互いに伝え合わせましょう。そして最後に、どうすればケンカにならなかったのかを考えさせて、互いが納得して反省するように導きます。

●保護者には必ず教師から説明する

学校で納得させて下校していったからといっても、子どもが保護者にどのような報告をするのかは分かりません。言葉が足りなくて、保護者が誤解をしてしまう可能性もあります。手足が出るようなケンカであれば、必ず教師から保護者に連絡を入れて、事実確認をした内容と、指導中の子どもの様子などを具体的に報告することが大切です。

＋ one point

子どもにとってケンカは大切な学びの場でもあります。むやみに止めるのではなく、些細な言い争いなどはある程度言い争いを続けさせ、そこから関わり方などを学ばせることも必要です。

5

早期解決につながるクレーム対応

フツウの教師は、

連絡帳を通じて報告する

デキる教師は、

電話を入れて話をする

凄ワザな教師は、

すぐに直接足を運んで話をする

●気になったら必ず教師の口で

友達とのトラブルや教師の指導に対して子どもが納得していないと感じた時は、連絡帳での報告ではなく、電話を入れて保護者に直接伝えるようにしましょう。子どもを観察して、「ちょっと気になるな」と感じたら、少々の手間を惜しまないことが大切です。杞憂に終わる場合もありますが、早めの対応が後の大きなトラブルを防ぎ、労力と時間をかける手間を省くことになります。

●事実確認と子どもの納得が重要

クレームを申し立てる保護者の中には、どんなに説明しても納得しないモンスター的なタイプもいます。しかし、ほとんどの保護者は、事実が明らかになり、我が子が納得すれば、気持ちを収めてくれます。初期対応の時に、教師が事実確認をしっかり行い、子どもの気持ちを聞きながら納得させるように導くことが重要です。

●足を運ぶことで誠意を表す

子どもがケガをした場合や、保護者が教師の対応に不満を申し立ててきた場合などは、迷わず素早く家庭訪問をするようにしましょう。素早い電話対応以上に直接足を運ぶことによって、教師が保護者の気持ちを理解していることや子どもを思っていることがきめこまかく伝わるはずです。最初に誠実に対応することが、保護者の感情を収めるだけではなく、迅速かつ良好な関係づくりにつながります。

＋ one point

クレームで来校した保護者は、笑顔で迎え入れ、しっかり言い分を聞くことから対応を始めます。くれぐれも「敵が来た」などとは思わないようにしましょう。

6 上手に乗り切る保護者会

フツウの教師は、

保護者が興味をもちそうな話題を伝える

デキる教師は、

子どもの日頃の様子を具体的に伝える

凄ワザな教師は、

教育観や指導方針を分かりやすく伝える

●熱意アピールの場

保護者は自分の子どもの担任には、明るく熱心に指導してくれることを望んでいます。保護者会は、保護者に教師としての自分をアピールできるまたとない場です。はつらつとして堂々とした姿で保護者の前に立ち、アイデアと工夫をこらしながら保護者会を盛り上げて、安心感をあたえるように心がけましょう。

●子どもを「見ている」ことを伝える

保護者の関心は、自分の子が友達とうまくやっているか、真面目に勉強しているかということにあります。保護者会には、必ず、子どもの様子を報告する時間を設けましょう。子どものノートや作文などの資料を交えながら、具体的な場面を紹介するのがコツです。こうした準備にはほとんど手間がかからずおすすめです。子どもの様子を紹介しながら、クラスの課題について考えてもらったり、保護者の協力を呼びかけたりすることで、保護者会をより一層充実したものにできます。

●指導観や教育観を伝える

子どもやクラスの様子を伝えながら、教師の子どもに対する思いや、どのような考えで指導しているかを保護者に伝えることが大切です。「こういうクラスを目指している」「このような力をつけたいからこのような指導を行っている」といった教育観や指導観を分かりやすく伝えることで、教師の指導方針を理解してもらうように努めましょう。

＋ one point

保護者会の参加人数が少ないのは、学級が安定していて、保護者が子どもを安心して学校に行かせている証拠とも言えます。参加率が低いことを、あまり気に病む必要はありません。

7

難しい保護者との付き合い方

フツウの教師は、

適度な距離感で無理なく付き合う

デキる教師は、

挨拶と笑顔を欠かさず積極的に話す

凄ワザな教師は、

子どもを思うパートナーの意識で寄り添う

●軽はずみな言動に注意する

苦情を言われて、早くその場から逃れたいという気持ちから、無理な要求を受け入れてしまうことがあってはなりません。その後、冷静になった時、たいへんなことをしたと気付いても後の祭りです。保護者への返答は、場の雰囲気や一時の感情に流されて安請け合いをすることのないように慎重に慎重を期さなくてはなりません。それが、自分の言葉に責任をもつことであり、相手に対する誠意でもあります。

●苦手な保護者ほど進んで近づく

もしも相手が敵意むき出しでやってきたら、身構えて臨戦態勢に入るのが人間です。反対に、笑顔で迎えられると気持ちが和らぎ、敵対する気持ちも薄らいでいきます。苦手と感じる保護者にこそ、積極的に話しかけるようにしましょう。それが保護者との関係を築くために必要なことであり、こちらのペースに巻き込むことにもなります。

●子どもを思うパートナーという意識で

保護者の話に時折うなずいたり、一緒に考えたりする姿勢で「あなたの話に共感していますよ」というメッセージを伝えることが必要です。苦情を言いに来た保護者も、気持ちを理解してもらえていると感じれば、教師の考え方や提案を受け入れる姿勢になります。保護者を拒絶するのではなく、子どもを思うパートナーとして受け入れるように心がけることが、トラブルを起こさない関係づくりにつながります。

＋ one point

苦情を言ってきた保護者に対して、「ご心配をおかけしました」などの相手の気持ちを慮る言葉をかけることで、感情が収まりやすくなります。

8

支援が必要な児童・家庭への対応

フツウの教師は、

生活状況などを把握しながら対応する

デキる教師は、

先輩教師や管理職に相談しながら対応する

凄ワザな教師は、

学校体制で対応し、外部の協力もあおぐ

●子どもから家庭を垣間見て

提出物を出さない子や忘れ物が多い子の中には、本人に問題があるわけではなく、家庭が問題を抱えているという子がかなりいます。遅刻や欠席状況、宿題や服装など、基本的な生活習慣が気になる子は、前担任や養護教諭、スクールカウンセラーなどと連携をして、家庭の生活状況をできる限り正確に把握することが問題解決への近道です。

●管理職に相談し、学校体制で見守る

児童虐待が社会的な問題になっています。頻繁にあざが見られる子や、いつも同じ服を着ていて不衛生な子、頻繁に保健室やカウンセリング室に行く子などは、注意して観察し、学校体制で見守る必要があります。何らかの虐待が疑われたら、すぐに管理職に報告して、教育委員会や児童相談所など関係機関と連携して対応しなくてはなりません。

●担任としてできることを考える

家庭に問題を抱えているとなれば、担任として対応できることには限りがあります。子どもが意欲的に学習活動に取り組む力を高めたり、基礎的な知識や技能を確実に習得させるように指導したりと、生きる力のもとになる学力を育てることが担任としての最大の役割です。他の教師と協力して、身だしなみに気を配ったり、必要な物を貸し出したりするなど、学習に集中して取り組むための最低限の条件を整え、家庭の事情で本人がつらい思いをしないような支援も考えていきましょう。

＋ one point

「児童虐待の防止等に関する法律」の第6条で、虐待を受けたと思われる児童を発見した場合、児童相談所もしくは社会福祉事務所に通告する義務があると定められています。

Column 5

働き方改革は教師力アップ

「工夫して効率的に仕事に取り組もう」「時間内に仕事を終える努力をしよう」と、管理職を中心に、今まで以上に働き方改革が叫ばれるようになりました。確かに、教師の仕事は多忙でありますが、時間を生み出すことが難しい状況ではありますが、充実した日々を過ごすために、働き方を見直すことが必要です。

人から教わったこと、良いと思ったことを素直に受け入れ、誠実に実行に移せる人は、将来必ず伸びる人です。例えば、テストを終えて時間をもて余している子に、「少しの時間でも、漢字一つくらいは覚えられる。計算練習をすることもできる」と、時間を無駄にしないように指導することがあります。教師の言葉を素直に聞き入れて、懸命に漢字練習や計算練習に取り組む子と、相変わらず何もしないで無駄に時間をつぶす子に分かれますが、どちらが伸びる子なのかは言うまでもありません。日々子どもとともに生活している教師であれば、教わったことを素直に受け入れることが、力を伸ばすことにつながることに、心からうなずくことができるはずです。

「仕事は早くやったほうがいい」「工夫して効率化を目指そう」と言われて、素直に受け入れ、誠実に実行することができる人は、大きな仕事もそれほど苦労することもなく、やり終える力を身につけていきます。納得できるものを素直に受け入れる柔軟さと、それを誠実に実行するための少しの勇気をもつことが、働き方改革の実現と教師力アップには必要です。

Chapter 6

「チーム学校」で自分の力を最大限に発揮する！職員室の関係術

日頃から同僚との情報交換を盛んに行い、
いざという時には互いに協力し合える関係を
築くことが大切です。
職場での良好な人間関係が、
仕事をしやすい職場環境を生み出し、
効率化や時短につながります。

1

ストレスを生み出さない
職員室での基本マナー

フツウの教師は、

苦手な人とは無理に話さない

デキる教師は、

人には必ず良いところはあると視点を変える

凄ワザな教師は、

誰に対しても気持ちを込めた挨拶をする

●ひと息ついてプラス感情を維持する

時には同僚の言動にカチンとくることもあるでしょう。反撃してやり込めたいと感じたり、二度と口は利くまいと思ったりするところですが、それでは人間関係に悪影響が出てしまいます。そんな時は、気持ちの余裕を取り戻すために、お茶を入れてひと息つきましょう。窓越しの風景を見ながら楽しいことを考えるように努めます。嫌なことがあった時こそ、プラス感情を取り戻すことが仕事をスムーズに進めるためにも大切です。

●気持ちのもち方で相手の印象は変わる

マイナス評価で人を見てしまうと、その人の欠点ばかりに目がいってしまい、嫌いになってしまうものです。すると相手もあなたを嫌いになって、人間関係が悪化し、ストレスになってしまいます。どの人にでも良いところは必ずあります。職場の関係でストレスを溜めないためには、長所を見るようにして相手を嫌いにならないことに尽きます。

●人は自分の鏡と考える

そばにいるとほっとして元気が出てくる人が、職場には必ずいます。反対に、難しい顔をしている人は、それだけで敬遠されてしまいます。同じ人でも、明るい表情でいると周囲に人が集まり、暗い表情でいると離れていきます。

「人は自分の心の鏡」と言うことができます。出勤して同僚と顔を合わせる時は、笑顔で挨拶をし、元気に声をかけましょう。仕事がしやすい職場環境の基本です。

＋ one point

自宅を出る前に、鏡に向かって笑顔をつくってみましょう。気分がのらない時にこそ、笑顔で過ごすように心がけます。

2

いざという時にも頼りになる同年代教師との助け合い術

フツウの教師は、

何でも腹を割って話すなど気安く接する

デキる教師は、

同年代だからこそ言動に注意する

凄ワザな教師は、

謙虚な姿勢で敬う

●気軽に相談して教えを請う

分からないことや知らないことがあるにもかかわらず、教えを請うことができない人がいます。困ったことに、そのような人が特に教師には多いと感じます。知らないことがあるのは当然のことで、恥ずかしいことではありません。自らが学ぶ姿勢を子どもに示すためにも、特に同年代の教師には気軽に相談していく姿勢が大切です。

●相手の言い分を理解する

経験を重ねていくと、それぞれの教師が、指導や教育論などで自分なりの方法や考え方を身につけていきます。時には、考え方の違いから同僚と意見を戦わせることも出てきます。その時、自分のやり方や考え方が正しいという思いから、相手の考え方を理解しようとしない人が、教師には意外にも多くいるようです。自分を受け入れてもらうためには、まずは相手を理解することが必要です。

●謙虚な姿勢が信頼を得る

集会での話や全校指導、授業や生徒指導の場面での子どもへの接し方や学習指導などで、他の教師の指導の中には、感心するものが必ずあります。その時、特に同年代の教師に対しては、「すごい」と素直に認められない人もいることでしょう。

「教えてください」「すごいですよ」と認めて教えを請う姿勢が、自分自身の力量を高めることになり、素直で謙虚な姿勢が周囲の信頼を得ることにつながります。

＋ one point

他の教師を認める心が、謙虚さと素直さを自分の中に育て、それが周囲との関係を円滑にして、自分の力を発揮しやすい職場をつくることへとつながります。

3

スキルアップにつながる先輩教師との関係づくり

フツウの教師は、
話しやすい先輩を見つける

デキる教師は、
いろいろな先輩にアドバイスを受ける

凄ワザな教師は、
アドバイスをすぐに実践して報告する

●まずは信頼できる先輩を見つける

経験豊富で指導力が確かな先輩教師から学ぶことはたくさんあります。信頼できる先輩に出会うことで、具体的な目標を定めることができ、学級経営や授業、子どもとの関わり方について、相談してアドバイスをもらうこともできます。日頃の子どもへの接し方や職員との関わり方をよく観察して、信頼できる先輩を見つけるよう心がけましょう。

●より多くの人からアドバイスをもらえる関係づくりを

特定の教師だけから学んでいると、偏った考え方が身についてしまい、他の考え方を受け入れることができなくなってしまう危険があります。特に若く柔軟なうちは、さまざまな立場や考え方の人から多くを学ぶ必要があります。より多くの先輩教師と良好な関係を築き、アドバイスや情報が得られることができるように努めましょう。

●論より証拠！ 実践と報告をこまめに

いくら、数多く教育方法の知識を身につけて立派な理論を説くことができるようになったところで、実際に子どもたちの前で実践することができなければ意味がありません。知識として得た情報を、自分のクラスと子どもたちの実態に応じた方法で実践し、結果を分析して改善することでしか、教師力を上げることはできないのです。

さらに教師力を高めるために、実践したことを先輩に報告して感謝の気持ちを伝え、次につながる意見やアドバイスをもらいましょう。

＋ one point

世の中には経験が豊かで技術の高い先輩教師がたくさんいて、優れた実践が山ほどあります。「自分はできる」と思い上がらず、貪欲に学んでスキルアップしていきましょう。

4

学び合える後輩教師との関係づくり

フツウの教師は、

武勇伝や成功談などをどんどん伝える

デキる教師は、

失敗談を伝えながら相談にのる

凄ワザな教師は、

後輩の得意とすることから積極的に学ぶ

●人の自慢を聞くのは誰でも苦痛

自分の経験や実践を、誇らしげに披露する教師が多くいます。特に相手が自分より若い教師だと、自慢話をすることで、「あなたは、まだまだ未熟だよ」と暗に伝えることで「私を尊敬しなさい」と言っているように感じてしまいます。

いくら年下とはいっても、相手もプライドをもっている教師です。評価するのは周囲の人であって、自慢しても、内心軽く思われるだけだと心得ましょう。

●話しやすい先輩を目指す

年齢と経験を重ねるごとに、周囲に頼りにされ、後輩の目標とされるような人格を身につけていかなくてはなりません。授業力も生徒指導の力もありながら、人を寄せ付けない教師が意外と多くいるようです。本当の実力者とは確かな実践力だけではなく、自分の失敗を受け入れて反省し、他者の気持ちに思いを寄せる懐の深さを身につけています。

多くの後輩から相談される教師を目指し、日々人格を磨くために修養を積みましょう。

●新しい感覚を取り入れ、常に向上を目指す

年齢の若い教師には、最新の機器や情報に精通し、それを子どもの指導に生かしている人が多くいます。子どもとの感覚も近く、子どもを引きつける力にも優れています。子どもと接することが教師の仕事ですから、若い後輩教師と接することで、今の子どもに近い感覚と最新の教育情報を学び続けましょう。

＋ one point

「当たり前」と思えるようなことであっても、後輩が懸命に努力して実践していることについては、前向きな姿勢と努力を認め、ほめるように心がけましょう。

5

仕事がどんどんはかどる管理職との距離感

フツウの教師は、

「ホウ・レン・ソウ」に努める

デキる教師は、

考えを伝えながら「ホウ・レン・ソウ」を行う

凄ワザな教師は、

「ホウ・レン・ソウ」で権限・能力を引き出す

●こまめな「ホウ・レン・ソウ」が信頼を得る

子どものケガやケンカ、保護者からの苦情など、初期対応を誤ると後に長期戦となるような大きなトラブルに発展する危険性のあることは、学年主任を通じて管理職に報告しておきましょう。場合によっては学校全体で対応する必要もあります。

迷ったことはすぐに相談することで、管理職の立場と経験からの助言や対応をしてもらうこともできます。「この程度は……」と一人で判断せずに、迷わずこまめな「ホウ・レン・ソウ」を心がけましょう。

●自分の考えを伝えて許可を得る

管理職に報告や相談をする時、単に「どうしましょう」と助言や指示を待つだけでは、担任としての判断や責任感を高めることはできません。クラスや子どもの実態をもっともよく知っている担任という立場での自分の考えを伝えることで、異なる立場での管理職の助言や指導を、自身の考え方や判断の参考にすることができます。

●管理職の権限と能力を引き出す

管理職には、担任にはない権限はもちろん豊かな経験があります。日頃からのこまめな「ホウ・レン・ソウ」が、クラスと子どもの実態や自分の指導方針などのさまざまな情報を管理職に理解してもらうことにつながります。そして、担任の立場では気付かない助言や指導だけではなく、的確な対応をするための権限を引き出すこともできます。

＋ one point

管理職も以前は担任をして子どもを指導していた教師です。授業や学級経営について積極的に相談することで、管理職との関係は良好になります。

6

職種の異なる職員との連携術

フツウの教師は、

職種の異なる職員には必要な時に連絡する

デキる教師は、

職種の異なる職員とも積極的に接する

凄ワザな教師は、

すべての職員に謙虚な姿勢で接する

●学校はさまざまな立場の人で成り立つ

学校には用務員さんや事務員さん、調理員さんなどさまざまな人が働いています。毎日の学習指導に必要な紙やチョークなどは、用務員さんが点検して補充してくれています。さらに用務員さんは、汚れた箇所をきれいにしたり、壊れて危険なところを修理したりしてくれています。子どもはもちろん教師が気持ちよく学校生活を送ることができるように、見えないところでさまざまな人が関わっていることに感謝しましょう。

●担任と教職員が「上」という意識を捨てる

クラスを担任していると、子どもの指導や保護者対応の苦労の大きさとともに、指導が成功した時や子どもの成長に対する充実感の大きさを感じます。すると、「担任が一番重要な立場にある」などと、担任という仕事を特別な階級であるという意識をもってしまう教師が少なからずいます。しかし、担任はさまざまな人に支えられているという意識をもって働かなくてはなりません。

●公平で謙虚な姿勢が自分を助ける

子どもたちへの指導がスムーズに進むように、さまざまな人の支えで担任の仕事ができているのだと感謝して、謙虚な姿勢で同僚に接することが大切です。壊れた箇所が修理され、チョークやコピー用紙が補充されていることに気付き感謝する姿勢が、結果、周囲の人から信頼され、何かあったらすぐに助けてもらえることにもつながります。

＋ one point

事務員さんや用務員さんの仕事にも目を向けて、気付いた時は必ず感謝の言葉をかけましょう。毎日、必ず少しでも会話するように心がけることも大切です。

7

負担にならず楽しく過ごせる飲み会術

フツウの教師は、

気楽な仲間との飲み会でストレスを発散させる

デキる教師は、

先輩や後輩との飲み会で交流を深める

凄ワザな教師は、

さまざまな飲み会で情報交換を図る

●飲み会は「公の場」という意識で

時には同僚と気晴らしと親睦をかねて一杯ということも必要です。しかし、気心の知れた同僚との飲み会とはいっても、同じ学校の教師集団の集まりです。子どもや保護者の情報や、他に漏れてはまずい事柄を話題にしないようにするのが鉄則です。

教師に対する世間の目が非常に厳しい時代です。教師と分かるようなことを大声で話したり、はめを外して迷惑をかけたりすることのないように紳士的にふるまいましょう。

●日頃の姿勢で「飲み会に誘われる人」を目指す

いつも明るく元気な人や聞き上手な人、同僚の悪口を言わない人など、相手を気持ちよくさせて周りの人を不快にさせない人は、多くの人から信頼を得て、交流を求められます。日頃から誠実に教育に取り組み、謙虚に人から学ぶ姿勢で仕事をしていれば、一緒に杯を傾けながら話したいと、さまざまな人から誘われることが多くなるでしょう。

●飲み会は人脈づくりと情報交換の場

飲み会の良さは、打ち解けて会話をすることができることです。杯を傾けることで親しくなり、貴重な人脈をつくったり、思いがけないチャンスに巡り合ったりすることに役立ちます。飲み会でなければ手に入れることのできない情報を得ることもあります。

社会人になれば、飲み会は単なる交流やレクリエーションではなく、重要な仕事の場と考えれば、時間を惜しまず積極的に参加していく価値も高まります。

＋ one point

特にお酒を飲む時は、「他人から見られている」と意識しておきましょう。感情的な姿をさらけ出さず、品性を疑われる言動を慎み、楽しく明るいお酒になるよう注意しましょう。

8

すぐに働きやすくなる転任校での処世術

フツウの教師は、

前任校での良かったことなどを伝える

デキる教師は、

前任校の話は必要以上に口に出さない

凄ワザな教師は、

転任校のことを積極的に教えてもらう

●新しい職場と人を好きになる努力を

新しい職場に来てすぐは、身の置き所がなくて、元の職場に戻りたいと考えてしまうこともあるでしょう。しかし、少なくとも1年間は、この職場で過ごすことが決まっています。些細なことでも尋ねるなど、コミュニケーションの機会をできる限り増やして、笑顔で積極的に新しい同僚に話しかけましょう。そして、新しい職場や同僚の良いところをどんどん見つける努力をします。気持ちよく働くためには、新しい職場と同僚を早く好きになることが必要です。

●前任校での実践は心に秘める

教師の中には、「前の学校ではこういうやり方だった」「この学校のやり方は変だ」などと言う人がいます。しかし、あまりにも「前任校では」という言葉を口に出すことは、現在勤務する学校を否定していると受け止められかねません。他の教師から求められない限り、前任校のやり方や実践を前面に出して意見を述べることは避けるべきです。

●転任校のやり方や仕組みに早く馴染む

入学式や卒業式などの同じ行事であっても、やり方はそれぞれの学校で百種百様です。新しい学校に転任してしまえば、大体どのようなことが行われるのかは分かっていても、実際にどのように行われるのかは未知の世界です。分からないことや気付いたことがあれば、些細と思われることでも納得がいくまで質問して早くなじむように努めましょう。

＋ one point

転任先では、新任になった気持ちで働きましょう。決してデキる教師と思われようなどと考えたりしないことです。

Column 6

充実感は心の安定から

何をしても、どの職場で働いても、「自分は一番忙しい」「自分の学校は課題が多い」と、苦境の中で奮闘している自分のことを誇らしげに話す人がいます。さまざまな問題を抱えている学校に勤務していると伝えることで、「誰よりも一番自分ががんばっているのだ」「この私でなければ、困難な状況をくぐり抜けることはできない」と、暗に自慢しているように思えます。このような人に、「私の学校も……」などと言おうものなら、「それくらい大したことないでしょ。私なんか……」と、何倍もの勢いで返ってきます。

いつも自慢ばかりする人と話をするのはつらいものです。自慢する人は、じつは自分に自信がなく、周りからも認められてはいません。残念なことに、教室という密室で、子ども相手に仕事をしているためか、教師の中には自慢をすることでしか自尊心を満たす方法を知らない人が多くいます。しかし、自慢で自分をアピールすることでは、心の安定を得ることはできません。満たされない心の乱れが、仕事に悪影響を及ぼしてしまいます。

本当の実力者は、決して自分から「私は誰よりも奮闘している」とは言いません。自分から何も言わなくても、周りから「あの人は、よくがんばっている」「あの人だから、やれる」と評価されていきます。

自分におごることなく、人に自慢することなく、より効率的に質の高い仕事の進め方を身につける姿が、周囲の尊敬と信頼を集め、後進の目標となります。

おわりに

テレビや新聞で、働き方改革が盛んに取り上げられるようになりました。私の勤務する奈良市でも、ノー残業デーが実施されたり、時間外勤務記録を保管したりして、教師の負担を軽減する取り組みが進められています。

しかし、制度上の取り組みが進んでも、相変わらず夜の7時になっても職員室の明かりが消える日はありません。現在、私は管理職として勤務校の先生方の心身の健康を管理する立場にありますが、長年、教師として子どもの前に立ってきた経験から、子どものために教材研究をし、学級通信を書いている先生方の姿を目の当たりにすると、「早く帰りなさい」と言うことにかなりの抵抗を感じてきました。

それでも尚、私は先生方に、早く退勤してほしいと強く思います。教師の仕事は、見つけようと思えばきりがありません。どこかで、気持ちにふんぎりをつけて、できる限り早く帰宅して、心身をリフレッシュしてほしいと思います。私自身、時間の使い方を意識し始めてからは、スキマ時間を有効に活用したり、やれる時に少しずつでも仕事を進めたりして、担任の仕事や校務分掌の仕事を遅滞なく終わらせる工夫をしてきました。学校の仕事を早くすませて夕方6時には退勤するように心がけていたこともあり、40歳手前になって、雑誌や書籍の原稿依頼が来るようになっても、自宅で執筆する時間を十分確保することができました。時間をやりくりすることで、時間を有効に使う習慣を身につけることができ、急なトラブルが起こらない限り、どんな仕事も負担にならない程度の労力と時間でやり終えることができる自信がつきました。

本書の執筆に取りかかって間もなく、勤務する学校ではさまざまなトラブルが続けざまに起こり、その対応のために精神的にも肉体的にもかなりの打撃を受けました。それでも、これまでに培ってきた習慣によって、何とか本書の発刊にたどりつくことができました。執筆の間、家族で過ごす時間もしっかり確保できたと思います。今まで、仕事の進め方を工夫して、まがりなりにも力をつけてきたことが功を奏したのだと実感しています。振り返ってみれば、充実した数か月間を過ごすことができたと、家族や勤務校の先生方に感謝の気持ちでいっぱいです。

不器用で要領も良くない私でさえ、やる気になれば、時間をやりくりしながら効率的な仕事をすることができるようになったのです。私自身の経験を顧みると、若く優秀な皆さんであれば、さらに効率的に仕事を進め、趣味や家庭生活を存分に楽しむ時間を生み出す力を身につけることができるはずだと確信しています。

末筆になりましたが、小著を刊行するにあたって、学陽書房の皆様には多大なるご支援と励ましをいただきました。この場をお借りして深謝申し上げます。

二〇一八年一〇月

中嶋郁雄

著者紹介

中嶋郁雄（なかしま いくお）

1965年、鳥取県生まれ。

1989年、奈良教育大学を卒業後、奈良県内の小学校で教壇に立つ。

新任の頃より「子どもが安心して活動することのできる学級づくり」を目指し、教科指導や学級経営、生活指導の研究に取り組んでいる。

子どもを伸ばすために「叱る・ほめる」などの関わり方を重視することが必要との主張のもとに、「中嶋郁雄の『叱り方』&『学校法律』研究会」を立ち上げて活動を進めている。

著書に『高学年児童、うまい教師はこう叱る！』『新任３年目までに身につけたい「超」教師術！』『困った小学１年生、うまい教師の指導術』『信頼される教師の叱り方　フツウの教師・デキる教師・凄ワザな教師』（以上、学陽書房）、『教師の道標——名言・格言から学ぶ教室指導』（さくら社）、『叱って伸ばせるリーダーの心得56』（ダイヤモンド社）、『「しなやかに強い子」を育てる——自律心を芽生えさせる教師の心得』（金子書房）、『教師のためのレジリエンス ——折れない心を育てる、回復力を鍛える』（明治図書出版）など多数ある。
・「中嶋郁雄の『叱り方』&『学校法律』研究会」のブログ　http://shikarikata.blog.fc2.com/

残業しない教師の時短術
フツウの教師・デキる教師・凄ワザな教師

2018年10月26日　初版発行

著者——中嶋郁雄《なかしまいくお》
装幀——スタジオダンク
本文デザイン・DTP制作——スタジオトラミーケ
イラスト——坂木浩子
発行者——佐久間重嘉
発行所——株式会社 学陽書房
東京都千代田区飯田橋1-9-3　〒102-0072
営業部　TEL03-3261-1111　FAX03-5211-3300
編集部　TEL03-3261-1112　FAX03-5211-3301
振　替　00170-4-84240
http://www.gakuyo.co.jp/
印刷——加藤文明社
製本——東京美術紙工

ISBN978-4-313-65365-8　C0037